歲月的恩典

擁抱美好的老年時光

On the Brink of Everything

Grace, Gravity, and Getting Old

帕克‧巴默爾 （Parker J. Palmer）著

陳世佳、林允箴 譯

On the Brink of Everything
Grace, Gravity, and Getting Old

Parker J. Palmer

各方讚譽

巴默爾是當代最有智慧的心靈和生命之一，也是我最偉大的導師之一。他擁有詩人的靈性和先知的身量。讀過他所探討的「年老」這個主題時，其他人的想法我就不感興趣了。生活在這四分五裂的世界上，這本書是我們的良朋好友，學習像巴默爾一樣，在生命的每個階段中，活出堅強、誠實及充滿恩典的全人。

——**克里斯塔・提佩特**（Krista Tippett）
On Being Studios 創始人，《愛因斯坦的神》（*Einstein's God*）、
《成為有智慧之人》（*Becoming Wise*）作者，
2014 年美國國家人文獎章得主

巴默爾是我們這世代中最全心全意、表裡一致的老師。在近八十年的歲月裡，他閱歷了許多、提出疑問，並以智慧的本質回歸給我們。他的最新力作《歲月的恩典》對年老有深刻的反思，是大師生命中鉅細靡遺的視界，看見我們如何被生命的絲繩交織在一起。這本書將攪動你的靈魂，使你與萬物更為親近。

——**馬克・尼波**（Mark Nepo）
《齊力勝過獨行》（*More Together Than Alone*）、《每一天的覺醒》
（*The Book of Awakening*）作者

　　巴默爾的第十本智慧之作《歲月的恩典》，是以朋友之姿，述說現實與可能、安慰及故事的精彩結合，他是樂於助人的顧問，也是浪漫的詩人。無論你身處的人生時間軸為何，這些書頁歷久彌新，攪動過去和現在，更新我們的心靈。這本書充滿了由衷的感恩、安慰與讚美。

——**娜奧米・希哈布・奈**（Naomi Shihab Nye）
著有《轉化》（*Transfer*）及《空中之音：聽眾的詩歌》
（*Voices in the Air: Poems for Listeners*）等書，
曾入選美國國家圖書獎

　　我們整個文化都迫切需要真正的智慧長者，真正的智慧長者需要經過歲月、靈性、智能上的淬煉。巴默爾是一位作家，也是一位顯然已贏得智慧長者榮銜的人，他的書不僅可讀性高，更是充滿幽默感！對我們所有的人來說，對我們想建立真正的人類文明而言，這本書都是一份慷慨的禮物。

——**理查・羅爾**（Richard Rohr）
默想與行動中心（Center for Contemplation and Action）創始人，
《踏上生命的第二旅程》（*Falling Upward*）、
《亞當的回歸》（*Adam's Return*）作者

　　巴默爾的書是我個人生命旅程中長期珍藏的良伴。他最新的作品雋永犀利、幽默風趣、靈光乍現、誠實無偽。對人類共同的處境，本書溫柔地直指核心；對人類共有的可能性，它充滿愛

意，無限盼望。它像作者與讀者之間在餐桌上的對話，以親切而美好的情感，深思熟慮地探討年老的議題，在艱難時期中尋找意義感，以及我們如何在人生的各個階段加深並平衡我們的內在和外在景況。在這充滿憂慮和疲憊的世界，這本書是一份慷慨豐厚的贈禮。

——**凱莉・紐康莫**（Carrie Newcomer）

音樂家、*The Beautiful Not Yet* 唱片藝人、

《通透人生》（*A Permeable Life: Poems and Essays*）作者，

以及葛萊美獎歌曲創作得主

這些年來，巴默爾帶給我很多禮物。他的作品所帶給我的，正是我希望我能為讀者所做的。這本書給了我既新鮮又特別的禮物，巴默爾現已七十多歲，他引領我這個六十幾歲的人，認識自己未來的歲月是「層層包裝的謎」。品味這本書像是面對年老的指引，它以詩歌的方式漸強作結。當我翻到最後一頁時，我的第一個念頭是：我想從頭再讀一次，現在就開始。

——**布萊恩・麥克拉倫**（Brian D. McLaren）

《偉大的靈性遷徙》（*The Great Spiritual Migration*）作者

巴默爾一直是我那一代無數年輕人的導師和催生者，包括我自己。當我二十多歲時，徘徊在人生的十字路口，他的著作《與自己對話》激發我走上非傳統的道路，成為一位行動派的藝術

家；他釋放了我內心的樂音。如今我三十多歲了，暴力與吵嘈讓人震耳欲聾，而他的友誼教會了我如何忠於自己內心的旋律並繼續演奏。在黑暗中，巴默爾教我如何在夜空下神遊，從屬靈眼光正視死亡，聆聽我的祖父和祖先們的智慧，他們的音樂永活在我心中。他將這些見解封藏在書中，這本書成了一個百寶箱。本書滿載著智慧的寶石，每一個切面都可以幫助我們看到自己巨大的內在，歌詠自我的真理。本書給我最大的啟發是我想像巴默爾那樣，謙卑、信實地走過生命的旅程，袋中裝著滿滿的珍貴寶石。

——薇拉瑞・考爾（Valarie Kaur）
民權運動家、律師、電影製片和「革命性博愛計畫」的創始人

關於如何優雅地面對成長與老去，這本書是這世上最有智慧的人所寫出最棒的作品之一。這本溫暖雋永的書將吸引並激勵各種年齡層的讀者。

——理查德・萊德（Richard Leider）
《目的的力量》（*The Power of Purpose*）、《重新打包》（*Repacking Your Bags*）和《重塑生活》（*Life Reimagined*）等暢銷書作者或合著者

本書獻給

雪莉・福樂頓（Sheryl Fullerton），她是這本書的編輯，
同時也是我的好友，若沒有她，
我不可能完成這幾本書的撰寫，也無法體會到，
出版對我而言，是一件如此不可或缺之事。

以及——

親愛的讀者們，不論你們是年輕的、是年老的，
或是介於兩者之間，對我來說，
你們都是意義非凡的一群，
四十年來陪伴著我度過這十本書的寫作時光。

本書共有三篇文章附有歌曲，
由才華洋溢的歌手凱莉・紐康莫（Carrie Newcomer）
譜寫及演唱，這些歌曲和文章主題相互呼應、
相得益彰。這三首歌可在以下網站免費下載：
NewcomerPalmer.com/home

目次
Contents

── 關於作者 ──

帕克・巴默爾（Parker J. Palmer）是一位作家、演說家和社會行動者，致力於教育、社區、領導力、靈性和社會變革等議題。他是「勇氣與更新中心」（Center for Courage & Renewal, CCR）的創辦人暨資深合夥人。巴默爾擁有加州大學柏克萊分校（University of California, Berkeley）的社會學博士學位，以及十三個榮譽博士學

照片由巴默爾的妻子雪倫
於 2017 年 9 月所攝

位，兩次獲得了美國國家教育出版社協會（National Educational Press Association）的傑出成就獎，並獲得了聯合教會出版社（Associated Church Press）的卓越獎。

巴默爾是九本書的作者，其中多本書屢獲各大獎項之殊榮，銷售超過一百五十萬冊，其著作被翻譯成十二種語言。巴默爾的著作包括：《民主，心碎的政治？》（*Healing the Heart of Democracy*）、《教學的勇氣》（*The Courage to Teach*）、《隱藏的整全：朝向不再分割的生命》（*A Hidden*

Wholeness)、《與自己對話》(*Let Your Life Speak*)、《行動靈修學》(*The Active Life*)、《未來在等待的教育》(*To Know as We Are Known*)、《公共的教會:巴默爾談與陌生人做朋友》(*The Company of Strangers*)、《弔詭的應許:在矛盾中擁抱生命》(*The Promise of Paradox*),以及與亞瑟·札焗克(Arthur Zajonc)合著的《高等教育之心》(*The Heart of Higher Education*)。

「領導力計畫」(Leadership Project,一項對一萬名教育者的全國調查)於 1998 年將巴默爾評選為三十位高等教育界中「最有影響力的資深領袖」之一,也將其評選為過去十年來的「十大關鍵議題設定者」。美國碩博士醫學教育認證委員會(Accrediting Commission for Graduate Medical Education)自 2002 年起,每年以巴默爾之名,頒發「教學的勇氣」(Courage to Teach)以及「領導的勇氣」(Courage to Lead)兩獎項予表現優秀的模範住院醫師計畫負責人。另外,受巴默爾作品和人生所啟發的文章集結而成的《活出生命的解答》(*Living the Questions: Essays Inspired by the Work and Life of Parker J. Palmer*)一書於 2005 年出版。

2010 年,巴默爾榮獲了威廉·萊尼·哈珀獎(William Rainey Harper Award),此獎項過去的受獎者包括瑪格麗特·米德(Margaret Mead)、埃利·維瑟爾(Elie Wiesel)、馬歇爾·麥克魯漢(Marshall McLuhan)和保羅·弗雷勒(Paolo

Freire）。2011 年，《優涅讀者》（*Utne Reader*，美國知名雙月刊雜誌）將巴默爾譽為年度二十五位「改變世界的卓見者」之一。2017 年，沙崙學院（Shalem Institute，美國基督教教育組織）頒發年度「沉思之聲獎」（Contemplative Voices Award）予巴默爾，此獎旨在「表彰受獎人對於沉思理解、生活，以及領導力等方面之重大貢獻，並感謝受獎人如春風化雨般，帶著同理心、勇氣與遠見等特質幫助他人」。

巴默爾是美國貴格會的成員，他與妻子雪倫・巴默爾（Sharon L. Palmer）一同居住於威斯康辛州麥迪遜市。

── 關於譯者 ──

陳世佳

現任：東海大學教育研究所副教授

學歷：美國愛荷華大學教育行政學博士

美國愛荷華大學教育行政學碩士

台灣大學中國文學系學士

經歷：東海大學主任秘書

東海大學勞作教育指導長

東海大學學務長

東海大學附屬高級中學代理校長

東海大學師資培育中心主任

東海大學教育研究所所長

研究領域：教育行政、師資培育、生命教育、教師專業發展

林允箴

學歷：台灣大學科際整合法律學研究所研究生

台灣大學外國語文學系學士

謝誌

逐漸年老的過程，和我們每天面對的人生一樣，總會遇到高潮與低谷，正因如此，本書並非探討如何年逾古稀仍舊活得優雅自得。我的人生裡充滿許多恩典，但這絕不代表我的人生是完美的，我的人生一次又一次地跌倒、爬起、再跌倒，如此反覆不斷。跌倒，是因為一時失足，也因為地心引力；爬起，是因為有不計其數的恩典與我相伴，而那些給予我恩典的人，都是我願竭盡己力去感謝的對象。

首先，我要感謝我的編輯、同時也是我長年的摯友：雪莉·福樂頓，從 1997 年擔任我的出版夥伴以來，她始終對我充滿信任。這位慧眼獨具的編輯帶我走過寫書過程中的反覆及乏味，一路上用耐心扶持著我，若沒有她，這本書絕對不可能出版，此般恩山義海，永銘於心。

我也要感謝我的妻子雪倫·巴默爾，她是我所有初稿的第一位讀者，總是以藝術家的眼光來看待我的作品。當我問她：「你會怎麼修改我的文章？」她說：「我會問三個問題：第一，這句話值不值得寫下來？第二，這樣寫清不清楚？第三，這樣的寫法優不優美？」而我只問了一個問題：「親愛的，我

有什麼事情能夠逃過你的法眼呢？」我對我妻子雪倫的感謝難以言喻，因為除了她優秀的編輯能力，更能用關懷的心去理解身為作家的我想要做的是什麼。除此之外，她的愛豐富了我的生命，也同時豐富了我的寫作，我很慶幸、也很感謝得以與她一同邁向年老之路。

再來，我要感謝凱莉・紐康莫，她是一位很有天賦的歌手、詞曲創作者、詩人、散文家，同時也是我的摯友，每次我們互相談論時，我總有滿滿的收穫，更欣賞她對周遭事物的洞見。在我們過去十年彼此對話交流的過程中，許多我們所談論的主題都寫入了這本書中。凱莉也創作了三首歌曲送給我以及所有讀者，歌曲的內容與書中的三個主題有關，你可以在網站上找到免費的播放連結（網址為：NewcomerPalmer.com/home）。我想，這可以說是我收過最美好的禮物之一，這些歌曲使原本印在死板板的紙張上的文字，得以化作音符，進入音樂的世界。

這本書的書頁之間，處處可見克特妮・馬丁（Courtney Martin）的影響力。我十年前認識她時，她才二十多歲，我們很快就成為好友，也是同事。2010 年她出了一本書《做就對了》（*Do It Anyway*），我在推薦序中稱她為「當代最犀利的文化批判者之一，也是最優秀的年輕作家之一」，這些讚美詞句都已應驗了。許多事讓我對克特妮深懷感謝，包括這本書的書名，還有啟發我寫這本書的一些想法。

瑪西・傑克森（Marcy Jackson）以及瑞克・傑克森（Rick Jackson）兩位都是我很珍惜的好友，也是三十年來的好同事。在 1990 年代時，我們一起為「勇氣與更新中心」（CCR）打下根基，這個組織一直到現在都還具有國際性的影響力。我想，沒有任何言語或文字可以表達，我能和他們一起走過人生的這段旅程，是多麼有福氣的一件事。除此之外，我也為我們能有機會一同關懷這個世界上的需要而心懷感恩。

過去二十年來，瑪西和我一同推動了無數個 CCR 退修會，我們也一起創設了一個培育年輕領導者與社會運動者的計畫。這個計畫不但豐富了我們的生命，也讓無數的年輕朋友收穫滿滿。在過程中，我們談及許多關於本書中提到的議題。我對瑪西永遠都心存感謝，謝謝她仔細聆聽我的話、給我忠誠的回應、提出開放性的問題。並且，她總是帶給我以及她周遭所有人溫暖的關懷和無限的創意。

在我認識的人當中，瑞克是少數兼具高度熱忱、大方，且又對社會議題很敏銳的人。他也是 CCR 筆友社群中的一員，幫我細讀我所有的原稿，給予具建設性的寶貴建議。要感謝的人還包括：凱里爾（Caryl Casbon）、凱特（Cat Greenstreet）、黛安（Diane Rawlins）和茱蒂（Judy Skeen），我想我可以很驕傲地說，這當中的所有人都是我的同事，也同時是我的摯友。我很珍視他們每一位給我的精闢見解和提問，同時也很感謝他們在這過程中無數次給予我心靈上的支持與鼓勵。

　　我的繼女克莉絲汀・克雷文（Christine Craven）是我共事過的人之中，眼睛最銳利的一個！她總是可以在校稿的過程中找到能讓文章更好的地方。我很感謝她，謝謝她這麼在乎這本書，反覆不斷地閱讀初稿、仔細校對。

　　為了把過去多年來的文章與創作連貫起來織就成這本書，我重寫了許多篇章，其中很多是在這本書出版前就曾發表在 On Being Studios 的網站上，網站是由廣播節目 On Being 的製作人所創設的。謝謝特倫特（Trent Gillis）以及我親愛的朋友克里斯塔（Krista Tippett），這兩位朋友邀請我成為網站上每週的專欄作家，並引領我進入作家與讀者的社群中，透過與社群成員的線上對話，我備受鼓勵。也特別感謝 On Being 的資深編輯瑪麗亞（Mariah Helgeson），她出類拔萃的編輯專業幫助我成為一位更好的作家。

　　這是我第一次和 Berrett-Koehler 出版社合作，由衷感謝出版社的 Maria Jesus Aguilo、Michael Crowley、Matt Fagaly、Kristin Frantz、Susan Geraghty、Sheri Gilbert、Paula Goldstein、Michele Jones、Neal Maillet、David Marshall、Liz McKellar、Courtney Schoenfeld、Jeevan Sivasubramaniam、Mayowa Tomori、Johanna Vondeling 及 Lasell Whipple。因為你們，這本書出版的過程成為了我人生美好又重要的一趟旅程。我也要感謝 Berrett-Koehler 出版社其他多位工作人員，由於你們在幕後默默地付出，這本書才有可能出版。真的很謝謝所有傾盡全力參與此書出版的每位同仁！

　　最後，我想感謝我的三位摯友，這幾位朋友都才高智深，對於年老這件事的領悟比我深厚。如果有機會的話，我希望自己更老的時候，可以像他們一樣。

　　喬伊斯・麥克法蘭（Joyce McFarland）和迪克・麥克法蘭（Dick McFarland）夫婦是這個社會的靈魂人物，他們積極關注當前重要的社會議題，並總是帶著滿滿的好奇心，適時地問問題，充滿熱忱地培養新世代的年輕人，使年輕人帶著喜樂的心在這個社會上發光發熱。本書中討論到「身而為人」應具備的重要特質，我相信，從他們二位身上，絕對可以看見書中所述的特質如何體現於現實生活當中。

　　露易絲・鮑耶（Lois Boyer）的生命滿載恩典，她的存在也同時帶給旁人許多恩典。2017 年 10 月時，我很榮幸可以參加她一百歲的生日派對。很遺憾，鮑耶在這本書出版前就去世了。還好，我在她生前已告訴她，我會把在生日派對時與她的對話內容寫進這本書中，當時她聽到這件事時非常開心。在她的生日派對上，她問我都在忙些什麼，我跟她提到這本書，她回應我：「帕克啊！你還不夠老到可以寫一本探討變老這件事的書啦！」

　　因此，我用一顆謙卑的心出版這本書，同時謹記著，自己其實不夠格寫這本書！因著身邊的家人、朋友以及同事的陪伴，很幸運今天可以出版這本書。人生的旅途要是重新來過，我絕對找不到比他們更好的同伴，可以共度過去八十餘載的人生歲月。

　　國際上將六十五歲以上人口占總人口比率達到 7％、14％
及 20％，分別稱為高齡化社會、高齡社會及超高齡社會。根
據我國國家發展委員會 2020 年 8 月的報告，台灣已於 1993 年
成為高齡化社會，2018 年轉為高齡社會，推估將於 2025 年邁
入超高齡社會；加上健保制度與醫療的完善，台灣將有越來越
多的人得享高壽，高齡者的身心狀態與面對年老的態度，對台
灣社會也將造成重大影響。目前已有許多書籍探討老年的養
生、保健、休閒旅遊等議題，然而，心理與靈性的議題則較少
被觸及，巴默爾這本探討年老生命的著作，確實寶貴，尤其對
於注重內心世界與生命意義的人，此書更是值得一讀。這也是
我們翻譯本書的初衷，想讓更多人也期待年老的美好，感受到
暮年的恩典與希望。

　　巴默爾一直是一位誠實的發問者，他所提出的問題都是生
命的大哉問，也是許多人的疑惑。他曾經歷憂鬱症的侵襲、工
作的選擇，並終生以寫作為職志，其間的思考、抉擇、追尋的
歷程，當站在人生之涯最後階段的前沿，回望此生此世，前瞻
永恆，一切都變得更為清晰、真切，對於生命的最後階段，也

更加珍惜、充滿盼望。

　　歲月積累的智慧讓人更看得清楚真正珍貴的事物，明白自己一生承受了無數的恩典，最美好的是，年老的這段歲月，擁有身心靈的各種豐盛，可以持續地與年輕的世代共舞，深度地與自己的內在靈魂對話。細細品嚐巴默爾的分享，彷彿預先體驗了生命的超越與超脫，滿懷感恩與希望，期盼進入永恆。

序曲
Prelude

　　我每天都越來越接近生命的盡頭，這是生命必然的過程。就算還很年輕，又或我們還太忙於其他「重要的事」以至於沒辦法思考死亡，我們全都依然朝著這個方向前進。每當重大疾病突如其來，又或我們身邊親近的人去世時（也可能我們參加了同學會，有點認不出那些看起來很老的人是誰的時候），要忽視如此逼近我們的死亡，就變得越來越困難。

　　這本書出版的時候，我大概已經年過八十。因此，如果我偶爾可以想像到人生盡頭的另一邊是什麼樣子，應該也不會太過驚訝。但事實上，我很驚訝。我竟然「**喜歡**」變老！這讓我感到更為驚訝。

　　歲月使人渺小，但也帶來不少好處。雖然我已經失去了可以同時做很多事情的能力，但我重拾了一次專心做一件事情的喜悅。我思考的速度雖然變慢了，但我的生命經驗讓我的思考可以更深入且豐富。我可能不再能主持複雜的大計畫，但也因為這樣，我更能去享受簡單的事物，舉凡和朋友聊天、到山裡走走、看看日出日落，或甚至享受一晚好眠。

　　當然，面對年老這件事，我也會有恐懼，過去和未來的我

都是如此。然而，當我人生走過的時間如身後的影子般越來越長，而我未來的時間又逐漸減少時，我內心的感謝漸漸地大過於恐懼，也大過於其他所有的情緒。

總而言之，我喜歡變老，因為接近人生盡頭處所能見到的風景很壯觀，就像是用全景模式去看我的一生一樣——人生裡遇到的所有小事，都像微風一般吹過，同時促使我用新的方式思考自己的過去、現在和未來。這個道理和寇特・馮內果（Kurt Vonnegut）的作品《自動鋼琴》（*Player Piano*）裡的角色所說的話有異曲同工之妙：「當你站在邊緣，你就能看見那些身在中心點看不見的事物。」[1]

回顧過去，我理解到為什麼人生中需要同時有平淡也有啟發、有憤怒也有愛、有悲痛也有喜悅。縱使過去有很多時刻，我總覺得黑暗與絕望籠罩住我，使我難以負荷。我過去總是哀嘆著的苦難，現在都像堅韌的線，一條一條織成堅硬的網布，要是沒有那些過去，我的人生將不具有現在這般韌性。過去，我都因為缺乏耐心急著想要去做下一件事情，而沒能好好享受成果；現在，因為這些時刻，我有可以細細回想、回味的事情。除此之外，一路走來有許多人用愛、信心、難題、挑戰、同理心及寬恕來幫助我，而我也對他們加倍地感激。

當我環顧現在我們所共同生長的世界以及其中的苦難與希望，我從中看見人類的勇氣。我在想，年老的人們啊，除非你身體已不聽使喚，不然就別再保守、安於現狀了吧！年老其實

就等同於沒有什麼可以失去的，於此人生階段該冒更高的風險，為社會謀求公益。

等到走到生命盡頭的那一天，我可能就會知道什麼是李歐納・柯恩（Leonard Cohen）所說的「不可戰勝的潰敗」（invincible defeat），現在我只能確定，要到達那裡還有很長的路要走。[2] 到了那個時候，我會展開我的雙翅飛翔嗎？我會像一顆石頭一樣一聲不響地往下掉？還是，會像愛爾蘭傳說中的女妖精（banshee）一樣，一邊燃燒著一邊仰天長嘯呢？這個問題的答案，沒有人知道。

但是我可以確定，我能一路走到這麼遠，已經很幸運了。很多人並沒有機會走到我這個階段，看到我現在看到的風景，回想起來，我也差一點走不到這一步。曾有一段日子，我心底憂鬱的聲音告訴我，死亡比堅持下去容易多了，我在那段期間裡不停地煩擾我的心理醫生，反覆訴說我想尋短的念頭。即便如此，過去的十五年來，我還是漸漸地成為了一個對生命有盼望的人，並且對生活中許多不同的領域都越來越感興趣。

我不是要在這裡過譽年老和死亡這兩件事，我只是知道，年老是福氣，而死亡，不是我們任何人可以作主的。

2004 年，在我的六十五歲生日過後沒有多久，我和我的朋友們聚在一起，大家開始討論我應該選什麼人生座右銘，接著他們就講到這句諺語：「永遠不要相信任何一個超過三十歲

的人（Never trust anyone over thirty）。」他們帶著開玩笑的口氣說：「你的年紀已經超過有效期的兩倍了呢！」然後另一個人馬上接著問：「說真的，對於變老這件事，你怎麼想？」

當時的我回答：「等到我真的變老的那一天我再跟你說我怎麼想吧！」然後接著說：「但我可以告訴你，以前我年輕的時候很喜歡一首狄蘭・湯瑪斯（Dylan Thomas）的詩〈不要如此溫順地走進永夜裡〉（Do not go gentle into that good night），而現在我已經不再對這首詩有所共鳴。」[3]

那天，我們一起共享美麗的夏日傍晚，一起看著夕陽西下。我說：「看這夕陽，多麼美，而且在太陽越接近下山的地方，天空越美。如果現在正在西下的太陽突然升起來，那麼在場的我們一定都會嚇到大喊『世界末日』！因為如果太陽在這個時候突然升起，就代表我們整個太陽系的秩序已經崩解，而大自然的法則也不再管用了。」

「我不想和大自然的法則作對，我也不會排斥變老這件事，變老，是大自然恆常不變的法則。我想要順著大自然的法則，以我所能的去創造最好的生命，就像那正在西下的落日一樣，在隱沒之前譜出最美的樂章。儘管我的臉上可能有很多歲月的痕跡，但這其實是一件很幸福的事，代表我有足夠的福氣活這麼久的時間，才能講出『我正在變老』這句話。」

如今，我想到「順著大自然的法則而逐漸老化」這個概念時，都會嘴角上揚，這句話讓我想到十九世紀的超驗主義者瑪

格麗特・富勒（Margaret Fuller，十九世紀初的美國作家、評論家、早期女權運動領袖）以及托馬斯・卡萊爾（Thomas Carlyle，蘇格蘭哲學家、評論家、歷史學家）說過的話，富勒說：「我接受這個宇宙（I accept the universe）。」而當卡萊爾聽到這句話的時候，他回答：「我的天，她最好要接受才行（Gad! She'd better）。」[4] 雖然我不得不佩服卡萊爾的靈機妙語，但我想在他們的對話裡，我更支持富勒的說法。

　　我們每個人都別無選擇地必須面對死亡，但我們可以選擇自己要以什麼樣的方式去面對它。這個決定其實很困難，因為人類的文化崇尚年輕，鄙視年老，而且不鼓勵我們去正視「人人終有一死」這件事。那讓太陽西下的大自然法則，也同時主宰我們終將死亡的命運，然而，在人生的道路上，從日升到日落，要如何劃下這道美麗的弧線？究竟該帶著逃避、鄙視，還是順從的心態去面對這個過程呢？這是我們自己的抉擇。

　　多年來，寫作一直是我與生命法則共存的方式之一。對我來說，寫作不僅僅是將腦袋的想法下載到紙張上，如果是那樣，寫作跟電腦打字其實沒有什麼兩樣。[5] 寫作是一種揭露，幫助我在自我對話的過程中可以抽絲剝繭，然後看見自己內心正在產生什麼樣的變化。這個過程有點像在心理諮商，只是這個方法不但不用約時間，也無須付費。這本書，我的第十本書，是我與年老共存的產物。我想將此書獻給所有一起走過人生旅途的夥伴，變老這件事會使我們深思熟慮，在這條路上，

誰也不孤單。

❧

　　說到這本書的原文副書名「grace, gravity, and getting old」
（恩典、力量、歲月），我此刻在寫序曲的時候，人在新墨西
哥州的聖塔菲（Santa Fe），過去十多年來，我和我太太兩個
人都會在春末的時候造訪這個地方，我們會在這裡爬山、寫
作、小憩，享受美國西南方的料理，欣賞這裡美麗的夕陽，每
次來到這裡，都會待上幾個禮拜。

　　對我這個年紀的人來說，要吃飯、休息和欣賞天空的美
景，都不是難事。但是當我到深山裡爬山的時候，就比較困難
了。我比六十五歲時的自己更能深刻感受到恩典以及地心引力
的存在。

　　我的生命充滿恩典，舉例來說：我現在還很健康，並且有
很多資源可以讓我到戶外野地去闖；才隔沒幾天，我就可以從
中西部的家來到聖塔菲這麼高的地方，我的身體竟然可以適應
七千呎高的高地；我可以站在步道的起點，同時很有信心知道
自己一定可以走至少一半以上，甚至相信自己可以爬到將近九
千到一萬呎高的山峰；而且，我還可以看到這個世界上許多人
從未見過的高山美景。

　　然而，當我往上爬的同時，地心引力就來攪局，我的腳步
益發緩慢，也時不時需要停下來喘口氣。爬山的同時，我也要
特別注意自己把腳放在什麼地方，免得一失足，就會因一時沒

有辦法平衡而摔倒。這是逐漸年老必經的過程，就像人們常說的每況愈下（everything goes south）。我的力氣、反應速度、肌肉控制都大不如前，甚至連要好好控制自己的身體都有困難。

沒有解藥能救我們脫離把我們拉入墳墓的重力。然而，有一種與重力相抵消的力稱作「輕力」（levity）。根據詞源字典：「古老科學（十六至十七世紀）中，（輕力是）物理力的名稱或物體的性質，相對於重力，使物體上升。」[6] 對我們而言，輕力的意思是能為正經生活減輕負擔的那種幽默，也就是 G. K. 卻斯特頓（Gilbert Keith Chesterton）說這句話時心裡想的那種輕力：「天使能飛，因為他們將自己看得很輕。」[7]

正如李歐納・柯恩最令人難忘的歌詞之一：「我的朋友們走了，我的頭髮也灰了／從前我玩耍的地方現在讓我疼痛。」[8] 前幾個字聽了令人沉重，但是隨著第二句而來的莞爾一笑，使沉重輕鬆了許多。

詩詞也經常善用隱喻，如槓桿一般將沉重的事物提起，轉為輕鬆。珍妮・羅曼（Jeanne Lohmann）便是一個例子，她的寫作獨具慧眼又優雅，一直到她九十三歲去世時都是如此。年老帶來的沉重感經常壓垮我，而她的詩幫助我面對這樣的沉重感。她的詩也啟發了我寫這本書——一段對於年老的沉思，我在這本書中盡量坦然地面對重力、恩典，並且為自身的經歷發聲，以邀請讀者也傾聽你自己的聲音：

・呼求・

讓我們來試試什麼叫做坦然面對重力、

面對恩典，面對我們被賦予的、忠實於自己的聲音，

面對我們舌面的裂紋。

轉向單單一個字根，拒絕

八股和口號，讓我們光耀那隱蔽

又不易說出的。卵石

我們含在口中，練習歌唱，

向著大海歌唱。願此世之物

保留給我們，它們美妙的秘密

詞彙。我們夢著它，日新又新，

屬我族類的語言，悅耳的樂音

我們只能辨識。願那命名的力量

賜下。我們的話語是羽毛，飛

乘於我們的氣息。讓它們飛往神聖的方向。

Invocation

Let us try what it is to be true to gravity,

to grace, to the given, faithful to our own voices,

to lines making the map of our furrowed tongue.

Turned toward the root of a single word, refusing

solemnity and slogans, let us honor what hides

and does not come easy to speech. The pebbles
we hold in our mouths help us to practice song,
and we sing to the sea. May the things of this world
be preserved to us, their beautiful secret
vocabularies. We are dreaming it over and new,
the language of our tribe, music we hear
we can only acknowledge. May the naming powers
be granted. Our words are feathers that fly
on our breath. Let them go in a holy direction. [9]

　　我希望這幾頁的字句有呈現出拒絕「八股和口號」,以及「光耀那隱蔽又不易說出的」。我的話語不過是「飛羽」,但那並不重要。重要的是它們「飛往神聖的方向」,也就是生命的方向。

　　1979 年,我的第一本書在我四十歲時出版;2011 年,我的第九本書在我七十二歲時出版。平均下來,每寫一本書,大概要花上我三到四年的時間。每一本書就像一場馬拉松一樣,當我跑到第九場比賽時,我本以為自己再也沒有力氣從事這麼累人的事了。

　　直到 2015 年末,我的長年編輯兼好友雪莉‧福樂頓在和我聊天時,問起我是不是在準備出書。我回答:「沒有啦!我

已經沒那個力氣了！但我還是有在寫一些比較短的作品，像是小詩、散文那一類的。」

雪莉接著問：「那你有沒有想過要把這些文章集結起來，加上幾篇你寫的詩和一些新素材，編輯一下，然後出版成一本書呢？就像你之前出版的書《與自己對話》一樣。」這段對話後來的發展，可以說好像是披頭四樂團的歌〈從朋友那兒得到的一點幫助〉（With a Little Help from My Friends）的具體例證，我們後來的對話如下：

我　：我沒有這樣想過。我的意思是，一本書應該要有個主題，但是我現在寫的東西都八竿子打不著。

雪莉：嗯，你剛剛說的不盡然正確。我很清楚，因為我看過很多你過去幾年來的短篇作品。

我　：你覺得，我寫的那些東西有一個共同的主題嗎？

雪莉（沉默了幾秒鐘）：帕克啊！你有讀過你自己寫的東西嗎？

我　：當然沒有！我何必要讀呢？是我寫的啊！好啦，我會讀的。你覺得，就你的高見，我所寫的都是關於什麼？

雪莉：變老啊！你一直都在寫關於「變老」這件事，難道你都不知道嗎？

我（雪莉說的話就像當頭棒喝，點醒了我）：嗯……我的確不知道。但在你剛剛這麼說了以後，我突然覺得，寫一本關於「變老」的書，應該會蠻有趣的！……天啊，這真是一個很棒的想法！

　　就是因為這段對話，所以有了這本書。我在這本書裡面，盡我所能地從各個不同面向來探討變老這件事，內含二十四篇短文以及數首詩（包括我自己寫的詩）。[10] 這本書並不是一本教導大家如何變老的「手冊」或是「說明書」，而是我經過不同的角度去審視自己的生命經驗以後，想鼓勵讀者們在讀過這本書後，也可以和我一樣重新用不同的角度去檢視自己的生命經歷。我相信，我們應該要重新建構「變老」的概念，使它成為「發現」（discovery）和「參與」（engagement）的歷程，而非「衰退」（decline）與「無為」（inaction）。

　　既然我們隨時都在經歷「變老」這件事（當然，我們也要夠幸運才有這個機會），我希望這本書不但可以讓和我同齡之人覺得有共鳴，也可以讓年輕一些的人受益。畢竟，這個世界上有很多年輕人擁有所謂的「老靈魂」，我二十七歲的孫女（同時也是我最好的朋友之一）海瑟·巴默爾（Heather Palmer）就是一個絕佳例證。我們兩個人的生命旅程從她出生的那一天開始，一直持續到現在，這中間的過程開啟了我的雙眼、我的思想，以及我的心靈。

　　好像稜鏡般轉了七次，我把生命的經歷與心得詳述於此書中，以下書中的七個篇章各自以不同主題鏡映出我對於「年老」這件事的經歷與體悟：

　　第 1 章「邊緣的視野：我所見之事」探究我在變老的過程中所學習到的事情，尤其重要的是讓自己注視曾有的經歷，並

且問該問的問題。

第 2 章「年輕與年長：世代共舞」主要談的是用創意的方式與年輕世代互動。當老和少如同電池的正負極連接起來時，當中所釋放的能量將可以活絡兩邊的族群，並且點亮這個世界。

第 3 章「成為真實：從虛幻到現實」是對於屬靈生命的反思，我認為屬靈生命即是不斷努力地透視假象並觸碰真實，這個操練對於任何年紀的人來說都至關重要，同時也是每個人要好好變老的必要條件。

第 4 章「工作與志業：寫下生命」談到生命的呼召，這聲音說：「不管你靠什麼工作賺錢，工作就是生命力的來源。」這聲音長久以來都對我說：「寫！」隨著我們的年紀增長，更需要能夠分辨工作與志業之間的不同。「工作」是我們賴以維生的，而「呼召」（calling）或「志業」（vocation），才是帶給我們意義感的。有許多年長者離開了他們的工作，或甚至是失去了他們的工作，但是，追隨呼召直至生命的終點，這是有可能的，並且我們可以在這個亟需意義的時間點持續創造意義。

第 5 章「持續對外連結：與世界保持聯繫」所論述的是，長者永遠不該停止關注我們共有的世界，也不該停止對我們所在意的事物付諸行動——我們的關注不應該只停留在我們內心所想，我們的行動也不該只是透過字句對身邊的人述說。

第 6 章「持續向內探索：與你的靈魂保持聯繫」談的是靜心獨自面對內心的重要性。往下扎根、了解自己，在老年時期是非常要緊的。安然適應沉默與獨身，能夠緩解由生至死的過程——這是一段我們必須獨自踏上的旅程，我們從沉靜來，亦將回歸沉靜。

第 7 章「在邊涯上：死後何往」回答了亙古以來的大哉問：「我們死後，會怎麼樣呢？」我原先的行銷企劃很單純：「想知道答案嗎？那就買這本書吧！」然而我的出版商卻否決了這個主意，說怕會有廣告不實之嫌。因此我只能說，讀完第 7 章之後，你便會知道天堂在哪兒，只不過我給的經度和緯度可能沒那麼準確就是了。

歡迎你來到人生之涯。來到這裡，要花上一輩子的時間，但是這裡美不勝收的景致以及拂面的輕風，一定會讓你覺得不虛此行。

邊緣的視野
我所見之事

The View from the Brink
What I Can See from Here

| 前言 |

　　如果你上《劍橋詞典》的網站搜尋「on the brink」（處於……的邊緣）這個片語，你就會發現它的定義為：「懸崖或高處的邊緣，以及好事或壞事即將發生之際。」隨即也可以看到一個例句：「這個公司接近倒閉的邊緣。」（The company was on the brink of collapse.）[1]

　　我不確定為什麼這個詞明明含有正面的意思，但大部分的例子卻都是負面的，例如，處於放棄、失去理智、失業……的邊緣等，或許，因為在我們腦袋深處留有爬行動物的基因，使我們下意識地懼怕從高處掉落，恐懼跨越通往無知的界線。然而，我們不也有可能是正處在飛向自由的邊緣嗎？又或者我們可能正處於發現美麗事物以及找到平安喜樂的邊緣？

　　就像我在序曲所述，我喜歡身處於「萬物之邊緣」，因為這讓我可以用新的角度去看待我的過去、現在和未來，也給我洞察力，讓我看見是什麼樣的內在動力不斷驅使著我的生命，把我的生命塑造成今日的樣貌。這章裡的文章是我最近幾年探索內在生命的過程中，思考得到的心得，這些心得有時也讓我感到訝異。我想在這當中，有些或許是微不足道，但每一篇都有著賦予生命的力量。

　　第一篇是「身處萬物之邊緣」（On the Brink of Everything），我在這篇文章裡講述為什麼我要借用我的一位

作家朋友克特妮・馬丁（Courtney Martin）所寫的一本書之書
名。那本書裡，提及她在觀察她女兒瑪雅（Maya）如何探索
這個世界時，體會到了生命的美好。我在一個冬天的早晨讀著
這篇文章時，體會到是什麼事讓我走向本書的寫作之路：原來
瑪雅十六個月大正在探索的事，也是我身為七十幾歲的人正在
重新探索的。

　　第二篇是「我的生命是否有意義？」（Does My Life Have
Meaning?），常言道：「若你的問題是錯誤的，你將得不到正
確的答案。」於是我去尋找了那個「正確的問題」，又或者說
我去尋找了眾多正確問題中的其中一個問題——最後，我找到
了適合我的問題。如果我的問題並不適用於你，那麼，也許我
的反思可以激發你，讓你找到適合自己的問題。

　　第三篇是「枯萎成真理」（Withering into the Truth），標
題雖看似負面，但它其實是一篇對於「年老」抱持正向觀點的
文章。歲月讓我們有機會活出葉慈（William Butler Yeats）所
說的「年少輕狂的虛妄歲月」，並枯萎成霍姆斯（Oliver Wen-
dell Holmes）所說的「藏在複雜另一面之簡單」[2]。我一直認
為，年老留給我們唯一且必要做的事，就是用愛心說誠實話
（以愛人為目的，去說出事實）。因為我再也沒有必要向任何
人證明我自己，這樣的年紀，使我得以隨心所欲而不踰矩。

　　這一章以我的詩〈大峽谷〉作結，詩中反思人生其實有著
許許多多的層面，每個層面如何共同參與、堆疊出雄偉的生
命。這首詩是旅程中的作品，連續九天在科羅拉多河的泛舟之

旅，讓我體驗到何謂船員們常說的「另一個壕溝裡的日子」。

偶爾，我會在艱辛的一天結束時用上這句話。當生命如同 10 倍速般的困難擊來，而圍繞在我身旁的，是極度宏偉、甚至令人驚豔的——生命。

| 身處萬物之邊緣* |

2015 年 3 月時，我讀了我的同事兼好友克特妮的文章〈與敬畏重逢〉[3]，該文勾勒出一幅精緻的畫面，畫面中她十六個月大的女兒瑪雅正在蹣跚學步，透過她女兒的眼光，教導她看見生命中的美好。

我一直記得那篇文章的開頭寫著：「我的女兒身處於萬物之邊緣。」那也正是我這個七十九歲之人的處境！當我站在通往餘生的邊際，看著震懾人心的風景，此時死亡已可見一斑。

但如果我說，言及年老想到的感覺只有恐懼，那一定是騙人的，因為這當中還存有幽默的成分。克特妮在文章中寫到她的女兒「隨手把一湯匙的自製起司放進嘴裡」，然後為自己拍拍手；但若做出這種行為的人是我，那可就不值得喝采了。昨天晚餐時間，內人指她的下巴，笑著對我說：「你又把食物吃

---

* 我的友人也是詞曲創作家凱莉・紐康莫，她是我這本書得以醞釀成形的對話好夥伴。在這本書即將完成之際，她創作了這首 The Brink of Everything 作為本書的迴響。可至網站 NewcomerPalmer.com/home 免費下載這首歌曲。

到臉上了。」我伸手去拿了餐巾紙，同時假裝生氣地說：「我只是把食物留下來當零嘴啦！」

克特妮描述，瑪雅和她一同出門散步時會「帶著自由的喜悅」跳躍前進，同時「快速地原地轉圈圈」，以確定媽媽有跟上她的腳步。我想，如果我也這樣跳躍、轉圈圈，八成會被送去看醫生，檢查身體哪些部位出了問題吧！

說到醫生，讓我想到，我應該跟大部分同齡人一樣，得和越來越多大小病痛共生共存，雖然這些病痛並不對生命構成立即的威脅，但當身邊很多親朋好友一個一個生病或去世時，也難免讓我在和專業醫師會面之前，有些許的躊躇。不過，真正讓我懷著敬畏的心面對生命盡頭來臨的，並不是身邊朋友的例子，而是那一點一滴流逝掉的歲月。

克特妮將她那篇文章發表於網站上的同一天早晨，我一邊起床一邊展開新的一天，我想，能起床這件事本身就值得令人慶祝。我坐在床邊稍事停頓，確定自己已取得了平衡，順便重新整理思緒，走著踏過上萬次的路徑，進入到我每晚都會拜訪數次的小房間。

以我住的地方來看，那是一個冷峻的冬天，面對東邊的那扇窗鑲著冰雪，窗外光禿禿的樹背後，地平線染上一抹深紅，從窗格中看出去，日出的顏色把窗框渲染得像褪色的玻璃。我站在那兒，駐足觀賞了幾分鐘，想像自己正在凝視著沙特爾大教堂（Chartres Cathedral）裡的玫瑰窗。

走下樓梯，開啟暖氣，我開始煮水泡咖啡。在一旁低語的

爐子，與發出嘶嘶聲的火爐，兩度溫暖了我的心，重讀一封手寫信時又第三次溫暖了我的心，這封信前幾天才寄到家裡，寄件人感謝我在剛進入花甲之年時出版的一本書，他寫道：「書裡關於你憂鬱的經驗，拯救了我的生命。」

輕輕地把信放回桌上後，我重新回想了從前的每一個早晨，我是如何匆匆忙忙地埋首寫作，我甚至沒有片刻停下來，去體驗這激勵人心的世界有多麼美好。我曾經太沉迷於寫作，在年齡迫使我把生命步調放慢之前，我總是敲著鍵盤，對於環繞於我周遭的美，視而不見。

有一部分的我曾因此而後悔。然而，回到當時，那個曾聚精會神、斤斤計較電腦螢幕「裡面」的每一個字，而忘記欣賞「外面」美麗風景的我，確實拯救了一個陌生人的生命。

回顧從前，讓我對「接納」這件事懷著敬畏的心。當我不但接納自己做對的事，也接納那些我做錯了的事，「接納」便能使我們的生命變得更完整。這讓我想到心理學家芙蘿麗妲‧史考特—麥斯威爾（Florida Scott-Maxwell）在八十五歲時曾說過的：「你只需要承認自己的人生事件與故事，就可以擁有自己的人生。當真正擁有你的所行所是……你就能堅強面對現實。」[4]

「所謂的我，包含了那個短暫懺悔的我，也包含了那個我所活出來的我。我時而領自己沉入黑暗，時而帶自己飛向光明；我時而叛逆，時而忠誠；時而失敗，時而成功；時而無知，時而聰慧；時而懷疑，時而堅定；時而恐懼，時而充滿希

望。」當我足以說出這段話，代表我擁有上述芙蘿麗姐所言的堅強。

完整，並不代表完美——它的概念是去接納生命裡的破碎與圓滿。當歲月引領我回首，使我看見自己用一生所踩踏出來的路是如此顛簸、崎嶇不平，其實，知道自己的生命除了圓滿之外，還帶有破碎的成分時，讓我滿懷感謝。

茶壺像在吹著口哨，我把煮沸的水注入法式濾壓咖啡壺，在我等待咖啡醞釀的同時，打開我的手機，上網去讀克特妮寫的〈與敬畏重逢〉。在看完的同時，我也開始醞釀如何寫下這篇文章。我意識到在進入全新的一天之際，已經有好多事情足以震懾我心。

我每一個小時，都比前一個小時更接近死亡，我們所有人都一直越來越靠近死亡，卻很少有人在還沒有年老或還沒遇到生命苦難之前，就對此有強烈的意識。我沒有和死亡有關的智慧之語可說，我曾看過一個我愛的人在痛苦中死亡，也看過另一個人安詳地逝去，而我會怎麼走這最後一哩路，沒有人知道。

死亡的後果為何，我無從得知。我沒有辦法從世界的另一端獲得小道消息，但我知道，如果我在天堂也可以像現在一樣在每日的清晨來杯咖啡，那我一定會用盡各種方法到達那裡。我覺得我這樣相信是合理的，因為有此一說：「死後的世界可以深焙咖啡豆。」

我很確定的是，我們從未知的世界來，也將往未知的世界去。我也確定，在越來越接近死亡的途中，我越來越懂得去體

會生命中美好的禮物。

這個早晨，我讀著克特妮的文章，感受到生命中美好的禮物不計其數，我看到日出透進我的玫瑰窗、讀到陌生人慷慨溫暖的來信以及朋友發人深省的文章，我生理上和心理上都得到足夠的力量可以走下階梯、煮咖啡、走回我的辦公室，並開始寫下這篇文章。我找到了可以作為本書書名的文字，除此之外，我還和自己惡作劇地開玩笑說，在地獄的人烘焙咖啡，在天堂的人享用咖啡。若沒有剛剛這些幽默感在我心裡發酵，生命的靈糧定會讓我肚子不舒服。

克特妮在她的文章中提到，她的女兒「只用一個宏觀、不帶有任何歧視的觀點去接觸這個世界，並且期盼著所有的事物都會讓她開心。」就像十六個月大的瑪雅一樣，越來越接近八十歲的我，也想只用一個宏觀的觀點去接觸這個世界，然而，我的期盼並不來自於世界，而是來自於自己：懷著感謝，去享受生命的禮物。

｜我的生命是否有意義？｜

……那些我寫過的東西，在我看來，盡如草木禾稭。

這句話出自於湯瑪斯‧阿奎那（Thomas Aquinas）給天主教聖徒的話，他是西方世界裡最具影響力的神學家和哲學家之一。1274 年，在他去世前的三個月，他寫下了這句話。[5]

即使你我皆不可能有一天像阿奎那一樣享負盛名或具有歷史性的影響力，但不論在社會上扮演著什麼角色（家長、工人、教授……），他所探討的問題，已悄悄地尾隨在我們每一個人身後。或許年老之人會更加迫切想知道，自己逝去的年華是否累積了什麼價值？然而，不分男女老少，身處不同年齡層的每一位成年人皆面臨著這個問題：我的生命是否有意義？

隨著人生邁向老年，這個問題就越來越常在我腦中浮現，有時候，我幾乎可以確定（至少在我的私生活與公共領域裡），我某部分的所作所為對社會確實有所貢獻；但有些時候，我做的一切又好像微不足道，像草木禾稭一般易燃，最終難逃化為灰燼的命運。

如果你曾因尋找生命的意義而氣餒，你將知道，不論身邊的人多麼慷慨地向你保證你的生命有其意義，那些話語並不會像魔法一樣，從文字變為真實。對於人生意義這個問題，是我們每個人要獨自面對的，對於此事，我在 2016 年 5 月 12 日星期四這天，一直深思至清晨 5 點 15 分。

一如往常，咖啡和幾首詩伴隨著我開啟了新的一天，這天我不經意地看到一首名為〈愛〉（Love）的詩，是諾貝爾文學獎得主波蘭詩人切斯拉夫・米沃什（Czeslaw Milosz）所寫的。就在我讀了一遍又一遍之後，我驚覺，一直去想「我的生命是否有意義？」其實純屬多慮，因為不論我們給自己正面或是負面的回答，我們心中的那把尺永遠會因為我們的自負而有瑕疵，使我們不能用一個公正的標準來衡量何謂「有意義」。

這首詩一開始寫道：「愛，是學著如何以遠觀的方式看自己／好像看著距離外的事物／因為你只是萬物中的一個。」6

啊！是的，現在我想起來了：我並不是太陽，也不是任何人的星系的中心。如果我繼續把自己放在中心的位置，堅持自己是特別的，堅持我的生命必須有特別的意義，那麼，我將在悲慘或妄想中死去。當我理解到自己「只是萬物中的一個」，沒有比一隻鳥或一棵樹更重要或更不重要，如同米沃什詩中後面幾句所描述，心中就得到安寧。

我對鳥類或樹木雖所知不多，但我清楚知道：鳥兒和樹木都不會擔憂自己的生命是否有意義，它們只需**做自己**。正如米沃什所寫的，鳥兒或樹木都把抬頭欣賞它們的人視為朋友，像我一樣，凡單純被大自然無價美好的禮物所感動的人，都成為鳥和樹的朋友。

米沃什說：「凡是這麼想的人，他的心就得到醫治，／即便不知情，卻可遠離各樣疾病。」這正是我的經驗，周而復始。走在林中步道、山巒之間、海邊或沙漠之中，都可以幫助我重新聚焦生命、找回初心。在這些地方，自然的萬物安慰我的心，提升我的靈，正如米沃什所說的，大自然讓我得到安頓，領會到自己只是「萬物中的一個」。

當然，大自然界的動植物們並不知道它們單純的存在可以提升我的生命境界，這也是它們的美好之處。相對地，人類卻是自我意識很高，靠著幻想不斷自我膨脹，自以為只要立定目標、努力不懈，就可以成就自己的慾望。

　　那樣造成了一個痛苦的世界，如果我們不留心，「我的生命是否有意義？」這種問題會誘人進入痛苦中。事實是，無論我的目標有多清楚，無論我的技能有多強大，我常常還是不知道，也無法知道，我究竟是為了誰？或為了什麼？

　　還記得在很久以前的一次演講當中，我試圖驚豔台下所有的人，然而，最終似乎沒什麼讓他們印象深刻之處，我只獲得了制式化又不太熱烈的掌聲。當時我還年輕，大約花了幾個禮拜來反芻這失敗的滋味，久久無法擺脫那一份苦澀感。後來，在一次偶然的場合中，我遇到了一位當時在現場的聽眾朋友，他對我說：「見到您本人真好！我一直想跟您說，您之前那場演講改變了我的教學方式，您所說的方法，對我和我的學生來說都受用無窮！」

　　他的話鏗鏘有力，提點了我。我實在不知、也無從得知自己生命的意義，更不知道如何去支配、控制它。正如米沃什所言：「是否知道自己事奉何物並不重要。」我所能控制的，只有我的動機，以及我為此委身的意願：唯願我所有的動機，旨在服務他人，而非自我炫耀。

　　詩人米沃什接著說：「做得最好的人並不永遠清楚自己所做的。」其所言甚是，因人生時常像個過度包裝的謎，層層包裹，使人無法看透。每當我非常確定自己在做什麼時，這就是一個我讓我的「自我」（ego）主宰的徵兆，而這是非常危險的（因為我如此確信，以致忽略了重要的線索去得知什麼是真正被需要的，什麼是我必須提供的）。我所能提供最好的，應

出自於內心深處，一個與靈魂有所連結的地方。我不可能確切得知自己服務了哪些人、事、物，而接納了這個事實，有助於避免我的文字與行動，受到「自我」的主宰。

接下來可以看到米沃什美妙的文字，講述著一個人或世間的事物如何「發光發熱」。請不要問我這段文字究竟帶有什麼意涵，因為我並不知道，我所知道的是：一旦我了解到我並非太陽，我就能不去擋住太陽光、不讓自己變成製造陰影的源頭。我能往旁邊站一步，讓真正的太陽光可以照到萬事萬物，使得所有的東西都得以「發光發熱」。這似乎是米沃什對於愛最根本的定義，此定義對我而言，可說是受用無窮。

此刻，我放鬆地想著，認為自己應該暫時不需要問或是回答「我的生命是否有意義」這個問題。我需要做的只有盡己所能地去活出最好的自己、意識到自己僅是萬物中的一個，甚願幫助自己和他人在陽光之下，能帶著愛和生命長大成熟。

若「人生是否有意義」這個大哉問，在幾天或幾週後再度出現，而我又再次陷入要給出一個「有」或「沒有」的答案的掙扎中，我也不會感到驚訝。讀了米沃什的詩之後，我有一種越獄的感覺，而自己是終身的慣犯。

要擺脫自負的「自我」以達到自由的靈魂並不容易，但每當我們如此行，我們即可減少憂傷並好好為這個世界而獻身。因此，如果你有一天在路上看到我正靜靜地喃喃低語著：「我只是天地一沙鷗，我只是天地一沙鷗……」你將會知道我仍在努力擺脫自負。

| 枯萎成眞理 |

‧隨時間而來的智慧‧

樹葉雖多，根則唯一；

經過了年少輕狂的虛妄歲月

我在太陽下搖曳著我的葉與我的花，

如今我終能枯萎成真理。

——威廉‧巴特勒‧葉慈

The Coming of Wisdom with Time

Though leaves are many, the root is one;

Through all the lying days of my youth

I swayed my leaves and flowers in the sun,

Now I may wither into the truth.

——William Butler Yeats[7]

　　每年，當我的朋友說不知道要送我什麼生日禮物的時候，我都用以下這老掉牙的冷笑話回應他們，他們總會嘆氣、翻白眼，然後轉移話題。（這就是身為老人的一些好處：你可以常常重複一樣的話題，讓人覺得自己瘋瘋癲癲的，但其實，自己只是在技術性地迴避一些不知該如何回答的話題。）

　　我的朋友們常常這樣問：「要選什麼禮物給一個什麼都不

缺的人呢？」

我總是重複一樣的回答：「盤尼西林。」

我並不需要任何物質性的東西作為我的禮物，但我需要記得年過八十之後學會的人生課題，這些課題就如禮物般重要。因此我在以下提出六堂我人生中所學到的重要課題，它們也同時是我給自己的生日禮物。如果以下其中的一兩點很幸運也成為了你的禮物，那麼下一次的生日，我一定會感到更開心。

1. 這篇文章的開頭引用了葉慈的詩，他提到了一件我不想忘記的事：主動地去接納年老，讓我們有機會超越那些「年少輕狂的虛妄歲月」，並「枯萎成真理」（當然是在我能克制自己使用肉毒桿菌預防自己過度枯萎的前提下）。

年輕時，我的那些虛妄並非出於有意。我只是還不夠了解自己，不夠了解這個世界，不夠了解如何在這交互作用的兩者之間找出真理。因此我從當中獲得的結論，通常都出自於那惡名昭彰的騙子——自我。當我去思考什麼是真實的自己，我發現到自己其實是光明與黑暗這複雜又矛盾的組合。開始這樣思考後，我的「自我」不得不漸漸枯死。世界上沒有任何東西比年齡更能使人枯萎，我想，人們的皺紋，就足以證明這個道理了。

不論我現在能多麼誠實地面對自己，我這樣的成就，並不是來自於一些屬靈操練帶給我的勇氣，而是因為我的自我不斷地被打碎，被生活重建，使得我不得不認輸求饒：「好，我承

認，我離完美還有好大一段距離。」

2. 詩，對我來說，有一種補償作用，我想對很多人來說也是如此。詩人們如里爾克（Rainer Maria Rilke）、奧利弗（Mary Oliver）、貝里（Wendell Berry）、娜奧米‧希哈布‧奈（Naomi Shihab Nye）、斯塔福德（William Stafford）、霍普金斯（Gerard Manley Hopkins）等，對我而言每位都意義重大。他們就像給了我救生衣，使我不至於溺死；他們就像給了我氧氣瓶，使我爬升到高處時有足夠的維生氧氣；他們就像給了我地圖，讓我不會淪為荒野中的迷途羔羊。一個好的詩人，懂得如何依循艾蜜莉‧狄金生（Emily Dickinson）的建議，「說出真理但要迂迴地說」，好的詩人可以不著痕跡地把人們原本可能會逃避的資訊，傳達給像我這樣的讀者。[8]

我讀詩，也自己寫詩，因為這是我目前為止所找到最好的自我療癒方法。以下是一首我前幾年寫的詩，當時我長途跋涉，經過了鄉間小路，穿過了幾畝耕地，深深地被這番風景感動。隨著時間的流逝，這首詩漸漸幫助我找到人生的方向。

‧痛心‧

犁，摧殘了肥美的地
翻攪、扭曲著大地之土
石塊與根於是暴露
去年的收成，粉碎於刀刃之下。

我也這樣犁著自己的人生

翻攪著所有歷史

尋找著長錯了方向的根

直到臉上有了毀損、皺紋、疤痕。

夠了。任務已了結。

已經長好的，就隨它去吧

來者猶可追。

我爬梳，為了理出上一年的原因——

農夫犁田，為了來年的豐收。

Harrowing

The plow has savaged this sweet field

Misshapen clods of earth kicked up

Rocks and twisted roots exposed to view

Last year's growth demolished by the blade.

I have plowed my life this way

Turned over a whole history

Looking for the roots of what went wrong

Until my face is ravaged, furrowed, scarred.

Enough. The job is done.

Whatever's been uprooted, let it be

Seedbed for the growing that's to come.

I plowed to unearth last year's reasons —

The farmer plows to plant a greening season.

〈痛心〉這首詩雖稱不上能在西方文學世界裡佔有一席之地，卻實實在在地把我從黑暗的深淵裡拉出來，像詩中提到的一樣，帶領我進到人生「豐收」的階段。

3. 出版了十本書，又撰寫過上百篇文章，如今的我，已經寫過成千上萬個句子，我寫過的句子甚至長到可以圍起一棵神木！然而，或許在這所有的著作當中，我寫過最重要的一句話（其實應該說是一個詞）是：「夠了。」

如果在對的場合說出來，這句話可以拯救一個靈魂，而隨著年齡的增長，要講出這句話對我來說日趨容易。近來，我越來越能毫不遲疑地說出：「夠了。」而對著許多不合理的事情，我常常脫口而出這個詞，那件不合理的事可能是任何一件讓人沮喪之事，舉凡一次莫名其妙的歇斯底里、過度操勞、私人偏見、不健康的感情關係、社會的殘忍與不公不義、徒然的政治宗教權力操作、種族歧視、性別歧視、無理由的排外、潛入美國政治又令人作嘔的秘密法西斯主義……。

在我還年輕的時候，我認為說「夠了」這兩個字的後果，是要承擔極高的風險。我看見許多人因為說出「夠了，到此為止吧！」而失去了好處、朋友、名聲、金錢，甚至是生計。然

而，年齡的增長存在著一個優勢，那就是，風險在我看來已經不如以往那樣可怕。如今，比起可能要失去自己所在意的東西，我更在乎自己是否為了得到好處而屈服，是否忘了存留在我血液中的熱忱。

我是眾多幸運之人裡的一位幸運兒，幾乎所有物質的需求都得以被滿足，因此我不必擔心任何失去會導致我無以為生。對像我這樣的人來說，「年老」可能很輕易地變成逃避的藉口，使得我們最後只選擇隨遇而安，而非冒險。相反地，我們應該運用自己的能力，以老人之名高聲疾呼，去改變我們所在乎的事。畢竟，「自由」也很容易變成逃避冒險與改變的另一種說詞。

4. 另一件我很重視的事，是年輕世代的人們，以及他們即將打造出來的未來世界。我發現到，關心他們，其實也就等於是關心自己未來的福祉。

心理學家艾瑞克森（Erik Erikson）說，當我們在邁入年老的過程中，會經歷一個社會發展階段的挑戰，這個成人中期階段的發展任務為「生產」（generativity），而同時面臨的危機是「停滯」（stagnation）。[9] 生產，比創意（creativity）具有更深一層的意義，它代表著年長之人應轉向年輕的一代，提供所有他們可能會覺得有用的事物——甚至更重要的，應該要向年輕一代的人學習。我平時把握所有可以和年輕人共事、聊天的機會，而在這樣的過程之中，我也成為更好的自己。

幾年前，我在自己家裡舉辦了兩天的小型研討會，當中的

參與者幾乎都只有我一半的歲數。我聽著他們如何從他們的角度去討論未來世代的樣貌，討論到某個段落，我說了類似以下的話：

> 我感覺我現在站在地球曲面上漸趨下沉的位置，而你們現在正站在地球曲面的頂端，看著我看不到的地平線。我必須要知道你們看見了什麼，因為不論那地平線上浮現了什麼，會受影響的人，除了你們還有我！所以請讓我知道那是什麼——而且，當你們告訴我的時候，要盡量講得大聲清楚，好讓我可以聽到你們所說的！

在此附上一個適合我同齡者的小撇步：下次當你想著「我正站在山丘的頂端看事物」時，請對你自己說：「沒有啦！我只不過是站在地球曲面上漸趨下沉的位置罷了！」

5. 我認識的許多夥伴，在年老的時候，會因為必須丟棄物質上的東西而感到焦慮煩惱。那些東西或許在過去的某個時間點確實很實用，但是現在，卻可能會阻礙他們自由自在地搬家。好比我的地下室裝滿了一堆用不到的東西，多到可以讓一個小朋友在裡面迷路好幾個小時。

我認為在我年老之時，應該要拋棄的廢物不只有物質上的，也有心理上的——就像有些我長久以來確信可以給予我人生意義的信念，隨著時間過去，或許已經不管用了。舉例來說，如果我再也沒有辦法做那過去半個世紀以來，讓我可以從

中找到自我認同的工作，那麼我又是誰呢？

　　對於以上的問題，我應該要真的遇到之後，才有辦法得到問題的答案。然而，在此之前，我想我找到了另一個問題，可以帶給我新的人生意義。我不再問：「有哪些事我應該要放手，而哪些事我應該要**緊抓不放**？」而是問自己：「有哪些事我應該要放手，而有哪些事是我可以**貢獻自己**的？」

　　想要「緊抓不放」的慾望來自於缺乏與恐懼的感覺；然而，想要「貢獻自己」的渴望則出自於豐盛與慷慨，這正是我想要「枯萎」成的真理。

　　6. 遲早有一天，「枯萎成真理」的過程會在死亡之時達到巔峰，死亡或許是枯萎的最終形式，也可能是真理的最終源頭。然而，又有誰會知道呢？或許死亡就像是詩人露西里・克列夫頓（Lucille Clifton）在她出色的詩中提到的那樣，她在這首詩中提到她丈夫的死亡：

・弗瑞德・克列夫頓之死・

1984 年 10 月 11 日

享年 49 歲

我像溺死在

自己內心最深處

把我生命的盡頭

留在我妻雙手之中

隨之而來的是最令人驚豔的

清晰

導致我沒有眼睛卻有

視線，

升起、旋轉

透過我肌膚，

藏匿於四周的

並非萬物之形式

喔，最後，只留下萬物

本身。

the death of fred clifton

11/10/84

age 49

i seemed to be drawn

to the center of myself

leaving the edges of me

in the hands of my wife

and I saw with the most amazing

clarity

so that I had not eyes but

sight,

and, rising and turning
through my skin,
there was all around not the
shapes of things
but oh, at last, the things
themselves.[10]

　　死亡是否會讓人學到東西？若是，那學到的是什麼？對於
這個問題我毫無頭緒，但我很確定的是：我來到這個世上時，
並沒有帶來什麼不好的記憶，因此我也沒有理由在將離開之
時，為接下來要去的地方，感到恐懼不安。

　　而且，我甚至很清楚知道自己接下來要去哪裡，我要去
「邊境水域獨木舟保護區」（Boundary Waters Canoe Area,
BWCA），它介於明尼蘇達州與安大略的國界附近（北緯 48
度、西經 91 度），我在過去二十年中，每年暑假結束前都在
那裡度過，那是一個自然又神聖的地方，每當我身處其中，心
裡都想著：「**這就是天堂。**」我只需要思考該怎麼在生命結束
後，把一個獨木舟帶進天堂。

　　或許，天堂的經緯度和我以上寫的有那麼一點誤差，但不
論如何，當我們身體的原子們和我們來到這個世界以前的物質
重新組合之後，最終都會投入大地之母的懷抱。每當我因為死
亡這無法抗拒的事實而想尋找安慰時，我就會走入叢林、爬上
高山、漫步海邊，或甚至在沙漠裡長途跋涉。能看見這樣無以

言喻的美麗，是多麼豐盛的恩典啊！

・大峽谷・

人們說地層喚醒了

巨靈利維坦

使之尾隨著時光而清醒

又朝向太陽舉起了地球

流水切斷岩石

石牆上許多雕刻故事

各自隨著時間消逝於

令人無法呼吸的空虛周圍

這一切和地球自古的經驗相形之下

驚奇無比

吾命如是

生命階段如地層每日每年

留下化石與沉積物

豐富與無意義人生的證據

無趣、痛苦。是的，也有喜悅

那內心深處的生命力

持續向上擠壓

直至我死去的那天

而「靈魂」像水切斷一切
雕出空虛
使得內心的眼睛得以看見
高度衝天的峽谷壁
其顏色、質感、形式
美妙地贖回我人生中的
黑暗與光明、錯誤、真理
流動血液的深處
將我切得分崩離析
重新啟動我沉重的心
重組、持續產生，所有新事物。

——帕克・巴默爾

Grand Canyon

They say the layered earth rose up

ancient rock leviathan

trailing ages in its wake

lifting earth-mass toward the sun

and coursing water cut the rock away

to leave these many-storied walls

exposé of ages gone

around this breathless emptiness

more wondrous far

than earth had ever known

My life has risen layered too

each day each year in turn has left

its fossil life and sediments

evidence of lived and unlived hours

the tedium the anguish yes the joy

that some heart-deep upward

toward the day I die

And Spirit cuts like water through it all

carving out this emptiness

so inner eye can see

the soaring height of canyon walls within

walls whose very color, texture, form

redeem in beauty all my life has been

the darkness and the light, the false, the true

while deep below the living waters run

cutting deeper through my parts

to resurrect my grave-bound heart

making, always making, all things new.

——Parker J. Palmer

年輕與年長
世代共舞

Young and Old
The Dance of the Generations

| 前言 |

　　我從二十多歲起，一直都很幸運可以有機會和比我年輕的人共事。剛進入大學教書時，我只比學生多了幾歲，但隨著時間過去，我和學生的年齡差距逐漸擴大，這樣的年齡差距使得我們一起工作時可以激盪出更多創意與火花。也因為我同時身兼工作坊負責人及退修會（retreat）籌劃者，過去的三十年中，常常和比我小二十至四十歲的人一起共事。要是沒有這些跨世代的交流，我的生命一定會比現在貧乏許多，且在漸趨年老的過程中，將更少感受到年輕人旺盛的生命力。

　　當年輕人和年長的人彼此有所連結，就像是把電池的正極跟負極接起來一樣，只要接在一起，雙方就能共同創造出能量。世界上或許有很多被特定年齡層所忽視的問題，這些問題包含個人問題，也包含社會問題，而我所說的能量，就是解決這些問題的關鍵。雖然世代隔閡的社會狀況一時很難改變，但年長的人可以向年輕人伸出援手，因為年輕人很可能期待著我們去關心他們的恐懼、夢想，甚至是未來。

　　這章裡的第一篇文章是「跨世代的樂章」（The Music of Mentoring），靈感來自於一些我指導年輕人的經驗，但這個故事也可以追溯到我以前受指導的那些日子。當時比我年長的長輩給予我許多建議，帶領年輕的我找到人生的方向。我人生裡的貴人在我不惑之年以前不斷地出現，然而，在那之後，他

們就再也沒有出現過了。

起初，面對這個事實讓我有些失望，但後來我發現了這事實背後的小秘密：現在輪到**我**來延續這個傳統，現在換我來付出、換我來做下個世代年輕人的貴人了！然後呢，我又在這個小秘密背後發現了另一個秘密：在幫助了年輕人以後，他們也會將這個傳統延續下去。

「歡迎來到人類世界」（Welcome to the Human Race）是一封我寫給克特妮・馬丁的信，她是我的好朋友也是好同事，過去幾年來，我和她一同擔任 On Being Studios 網站上的專欄作家。她在某一週寫了一封公開信給我，內容是關於年過三十的人要面對的人生掙扎，當中也特別提及了女性在這個時期要面臨的挑戰。信裡頭提及了一些關於人生意義的問題，她也在信中邀請我用公開信回應她所提出的各類問題，因此我寫下了「歡迎來到人類世界」這封信。

「從裡到外活出自己」（Living from the Inside Out）是我在納羅帕大學（Naropa University）發表的一場畢業致詞，這場演講在科羅拉多州的波德（Boulder）舉辦，是我為 2015 年的畢業生所準備的。老實說，我自己不是很習慣在畢業典禮致詞，我感覺像是現場的局外人，硬是闖入了各種朋友與家人的聚會。雖然他們都很歡迎我，但我心裡總默默想著，或許這樣的歡迎只是客氣而已。於是我努力用最短的時間完成主持人賦予的任務，因為「真正」的任務是：趕快致詞完，讓他們的派對可以快點開始。然而很幸運的，納羅帕大學的師生們真的很

誠摯地歡迎我，使我有機會又一次激盪出跨世代之間的火花。

〈十一月二十二日〉這首詩寫於甘迺迪總統（John F. Kennedy）被刺殺的四十五週年紀念日。在 1963 年的 11 月 22 日當天，我還是一名二十四歲的研究生，正準備從加州大學柏克萊分校畢業。我很清楚記得在接收到總統被刺殺的消息時，我人在電報大道（Telegraph Avenue）上的科迪書店（Cody's Bookstore）。從那一刻起，我從一個乳臭未乾的小子，變成一位更成熟的公民，懷著更悲觀的態度去看世界；為了找到這場刺殺混亂背後的意義，我的人生開始踏上了新的旅程。

| 跨世代的樂章 |

每一年春天，總會有畢業致詞的演講人站在全國各地的講台上告訴畢業生：「我們未來的希望就寄託在你們手上了。」我有一個很迫切的訊息要告訴這些人：拜託別再這麼說了！

把所有未來的責任都強加在年輕一代的職場新鮮人身上，是很不公平的，畢竟他們即將面臨的問題，大半都是我們這些長一輩的人留下的爛攤子。再說，並不是只有年輕人該全權負責處理未來所有的事。因此，**我們**（無論老和少）應當齊力把未來的希望寄託在**我們**的手中。倘若我們共同的目標是要變得更有同理心、更有創意、更富正義感，那麼我們一定要一起努力才可以達成。

別再用大隊接力的比喻，說年老之人已完成他們的任務，

要把接力棒交給年輕一代的人了！既然我們大部分的人都比較擅長坐著而非賽跑，那麼還是換一個比喻比較合適。我想把我們全都比喻成一個管弦樂團，並且誠心邀請年輕人一同加入。當我們齊坐在一起，我們可以幫助他們研究如何吹奏他們的樂器，同時，既然年輕人可以聽得比我們還要更清楚，他們也可以幫我們學會怎麼吹奏出和這個世界相容的美妙樂音。當我們彼此合作，我們可以一起創作出更動人、更生動的樂章，把原本不和諧的音變成樂章中的過場，使之成為整首曲子中的高潮而非噪音。

霍姆斯曾說道：「許多人的人生樂章都因他們的死去，而從此失傳。」[1] 還好因為我在年輕時，遇到許多貴人主動伸出援手，使我擺脫人生樂章失傳的命運。他們幫助我找到自己的人生樂章，並教導我如何演奏自己的人生樂章。現在，我有一次又一次的機會將這樣的傳統交給下一代，年輕人的人生樂章正等著被聽見。我深信，有許多年長的人也和我一樣，正努力幫助年輕人的人生樂章可以被聽見，甚至發光發熱。

每當我問別人這個問題：「能不能請您分享人生中遇到的貴人？」我得到的答案，都跟別人這樣問我時我想說的答案大同小異：

我人生中的貴人看見我的潛力，那些潛力甚至連我自己都沒有發現。他們會用挑戰、鼓勵等各式各樣的方法激發出我的潛力，幫助我了解勝敗乃兵家常事。然後

他們會為我開啟一扇又一扇的門，或至少會指引我一個大致的方向，讓我找到人生的目的與意義。我人生中的貴人改變了我的生命。

隨著年紀增長，我的經驗告訴我，指導的過程並不像一條單行道，它是一條雙向道，在這條路上，兩邊相會的人可以激盪出彼此身上無窮的潛力。我想在此引用神學家內爾・莫頓（Nelle Morton）的一句話：指導是「說話前先聆聽彼此」[2]。同樣重要的是，在指導的過程中，我們可以邀請對方看見自己內心脆弱的一面，同時也看見彼此如何需要對方。[3]指導的過程像是交換禮物一樣，像我們這樣年長之人所得到的，常常遠比自己所付出的還要多出許多。

身為年長之人，我們知道（或說應該要知道），我們有許多可以給予年輕人的禮物。在生命的各階段裡，我們經歷過許多他們現在正在經歷或正在做的事，我們跌倒了，又爬起來，我們在失敗中學習，好讓自己有一天可以對人娓娓道來這一切的故事，我們也重新站起來去用更好的方式解決問題。當和人分享自己人生經驗的時刻逐漸來臨，我們可以把握這個機會，幫助年輕人穿越阻礙，找到未來的方向。

我曾經舉辦過一場工作坊，主題是：如何幫助學生用自己的最佳狀態學習。在午餐時間，我坐在七位教授中間，他們恰巧都是男性，其中一位談起他在大學期間的撞牆期，他當時有機化學這門課一直沒有及格，這門課就像是一面牆，硬生生把

他和他爸爸希望他成為醫師的期待隔開，他說道：「那真是我年輕時最具毀滅性的一刻了！然而，這也變成了我人生的一個轉捩點，讓我走向文學之路，最終走向一個可以餵養自己靈魂的職業。」

在座的每一位（包括我），都有一個年輕時的失敗故事可以分享，那些失敗常常無意中轉型成為人生的一個成就。就在午餐時間快結束時，我問在座的教授：「你們當中有多少人曾和學生分享自己曾經有過的『創造性失敗』？」

現場並沒有人舉手，於是我接著說：「你們的教室裡，充滿著許多在某方面正遇到瓶頸的學生，他們遇到的困難很可能就剛好發生在你教授的課堂中。你們的故事很可能成為他們可以抓住的一絲希望。所以，當時機成熟時，請你們一定要告訴學生你們失敗的故事，是如何以另一種形式收成的！」

我們年長之人有很多可以傳承給年輕人的禮物，年輕人卻常常忽略他們也有滿滿的禮物可以給我們。年輕人可能沒有意識到，當他們前來找我們尋求協助，這個行為大大緩和了我們內心的恐懼。我們其實很害怕自己已經跟不上時代，或可能已經逐漸走下坡，很害怕年輕人不再看重我們。我想，應該很少二十歲左右的年輕人知道一句簡單的「我想向你學習」，對我這個年齡都快要是他們四倍大的人來說，具有多大的力量吧！

年輕人也常常把活力、願景及希望帶到這個世界上。這些都是過去艱苦的經歷在我不注意的情況下，從我身上奪走的東西。當我看到他們解決一件看似無法處理的難題，並用另一個

全新的角度去看待它，而他們的方法又是如此可行又有效率，我原本憤世嫉俗的心情都隨之煙消雲散。「再一次走進社會的破口吧！」我對著自己說：「只要可以跟他們一起，我願意一起去面對一切的挑戰。」

我並不贊同有些年老之人說的：「我們應該避免年輕人重蹈覆轍，不要讓他們走過我們以前走錯的路。」年輕人一定會犯錯的，但是他們犯的錯不可能和我們犯過的錯一模一樣，因為他們和我們不一樣，他們所在的世界也已經不是當年我們所成長的那個世界了。再說，他們也很有可能比過去的我們明智許多！

因此，讓我們一同分享我們以前的故事吧！透過這些故事，幫助年輕人往前邁進，而不是退縮不前。在他們「放手去做」（do it anyway）的時候，我們就並肩陪著他們走一段路吧！「放手去做」剛好是克特妮・馬丁一本著作的書名，[4] 書中描述八位年輕的社會運動者，在缺乏資金來源的情況下，還是去完成了他們認為必須要完成的事。像他們一樣的革命家是很容易遇到難題的，當他們跌倒了，我們可以幫助他們爬起來。即或只是看著他們自己重新站起，也被他們的革命精神所鼓舞。或許他們下一次的嘗試，會讓提供資金的人看見不提供資金一事是多麼愚蠢，並且創造一個個值得回味的片刻。

年輕人可以給予年長者的禮物不計其數，這些禮物包括他們沒有意識到我們兩者之間的不同，這樣的行為顯示著，我們之間的共同點其實比表面上看到的來得多，而我也認為這是事實。

　　與其列舉所有年輕人可以提供給年長者的禮物，不如再舉最後一個重要的例子，這個例子實在太常被忽視了。大多數和我一起共事的年輕人並不會浪費時間去哀悼舊有秩序的崩壞，宗教的、教育的、職業的或政治結構等，那些曾建構了年長者的生活。當這些年輕人出生時，許多的制度與規範都正在崩解中。

　　很多我認識的年輕人不但沒有哀悼那些已消逝的東西，還參與制定新制的過程，使得這些制度更加完善、更具前景。他們於社會運動、屬靈生命、社群團體中都努力付出，不遺餘力。除此之外，他們也試著創造一些新型態的工作和地點，使自己有更大的自由，不必受限於要他們扮演僵固角色的組織，也不再當隨時可以被替換掉的螺絲釘。

　　這一份自由使他們可以忠於自己的天賦與願景，也忠於能實現願景的人際關係。我覺得和這樣不會怨天尤人的人一起交流，可以獲得許多啟發，他們並不會悲嘆不再適用的制度和逝去的傳統，而是花更多的心力去探索新的可能，使得我們（年輕人和年長者一起）可以共同把夢想化為現實。

　　在我忙著撰寫這篇文章時，一位學生提醒我，我曾經在1997 年寫過一本關於指導的書，書名為《教學的勇氣》（中文版由心理出版社出版），我差點兒忘了寫過這本書。（這又是另一個年輕人可以給年長者的禮物！他們就像是外接式硬碟，幫我們擴充記憶體。）我想，我現在已經老到可以把各種比喻融合在一起，而不必去在乎英文老師覺得我的文章有沒有

前後一貫，因此我要在此引用這本書，並且邀請年輕人、年長者，一齊跳一場「傳統舞蹈」，而非組成一個「管弦樂團」：

　　師傅和學徒彼此是舞伴的關係，在這個傳統舞蹈裡，教學最棒的回饋就是可以每天都獲得重新站在舞台上的機會。這樣的舞蹈，是一場跨世代的交融，在其中，年長者用經驗給年輕人勇氣，年輕人用活力給年長者生命力，兩者互相交織，人類社群因此譜出動人心弦的美麗。[5]

　　我想，不論是管弦樂團或是舞蹈，這些跨世代之間所創造出的節奏可以感動我們的心靈、想法和腳步——或許，甚至能帶動整個世界，幫助這個世界成為一個更美好的地方。

｜歡迎來到人類世界[*]｜

親愛的克特妮：

我珍惜我們兩人友誼的理由不計其數，其中之一是：你邀

---

[*]　多年來，我和克特妮・馬丁在 On Being Studios 網站寫每週專欄。其中一個專欄是克特妮根據她的女性社群中的對話，寫一封公開信給我，名稱叫「親愛的帕克：大哉問」（http://tinyurl.com/ybrxk22h），並邀請我回覆。這篇是我所寫的回應。

請我進到了你的世界。這個行為大大地表現出你對我的信任，真的很感謝你，因為你的邀請，使我看見更寬廣的世界，你給了我一份最真摯的禮物。你和你而立之年的朋友們使我大開眼界，看見現實，看見許多如我一樣身為一位白人、異性戀者、六十多歲的男子所看不見的。你讓我不至於錯過世界上的許多可能性，對此，我永懷感激。

在你信中的結尾，你請我幫助你，讓你變得更睿智（並附上一個笑臉）。我想我們都知道，這個要求超過我能力所及。我們知道每個人都有存在心中的智慧，而這樣的智慧要靠著對話才能激盪出來。當我們把人與人之間的心牆（舉凡性別、年齡等）敲除，誠心交流，我們便有機會變得更加明智。透過這樣的魚雁往返，我對你所提出的問題也已有了更多了解，我對於男性和女性在這個世界上如何走往不同的人生路途，有更深入的認識。

當我讀到你信裡關於女性團體的故事，看到裡面許多成員因沒有引人入勝的人生目標而唧嘆，我內心湧現了兩種情緒。

首先我感到憤怒。我再次因這個社會讓許多人相信自己「不夠好」而感到憤怒，這使許多人看不見自己角色的價值，也阻礙特定的人去追求他們的目標。同時，我也感受到希望，因為你和你的朋友們能夠如此敞開心胸去討論自己的痛苦，以及這痛苦的來源。相信我，我知道這是關心個人福祉及鼓舞社會改變很重要的一步。

　　關於你的朋友缺乏追求目標的感覺，你寫道：「我們的生活並不是只有工作，我們沒辦法像那些上班族一樣，每天起床到上床入睡都只需要顧到工作這樣單一的目標。」

　　老實說，若有人說，他每天從太陽升起到落下，都只有一個單一目標，那麼我應該會跟他說：「別再虛度你的人生了，開始腳踏實地的生活吧！」或許我就是那種你說很會「長篇大論」的人，總是講得太多，又時常一心多用，試圖同時完成很多不同的事。之前有人請我以「電梯簡報」*的形式分享我這一生的成就，我回答他：「我總是走樓梯，所以從來沒有準備過什麼電梯簡報。如果你願意和我一起走一會兒，我很樂意和你慢慢談。」我會這樣回答他，是因為我從來不覺得人可以把值得用一生去做的事，濃縮成任何可以短時間行銷的口號。

　　如果要講故事的話，我想我唯一熟悉的故事就是我自己的人生經歷，所以就讓我簡單和你們分享一下我過去這些年的心境吧！當我剛進入而立之年時，所謂人生的「目標」對我來說很抽象，一直到了五十多歲，才開始慢慢感覺到自己的志業和人生目標開始接軌。三十歲時，我唯一能確定的只有：我不想讓一個大組織定義我的人生和工作，也不想要人生的選擇受到限制。因此，我在一些獨立的機構中工作，婉拒了好幾個可能帶我更接近「權力中心」的邀請。

---

*　譯註：電梯簡報（elevator speech），指如果在電梯裡遇到重要的人士或客戶，要能在走出電梯前簡單扼要地傳遞個人的觀點或產品、服務等，吸引對方的注意力。

　　所以，有博士學位在手，我並沒有成為一位大學教授，而是成了一名社區組織者（community organizer）。雖然我的薪水微薄，又要擔心自己是否從此脫離了專業的職業軌道，但是我堅信創意與自由比金錢或名聲來得更珍貴。（我當時已成家立業，家裡有一位妻子和三位兒女，但並沒有仰賴任何信託基金。我想我真的很幸運，擁有一些種族、性別、社會地位上的優勢，它們都像我的安全網一樣。另外，我也很幸運可以在不欠債的情況下取得博士學位，這都要感謝研究經費的補助支持。）

　　我從來不覺得我的職業生涯目的是「成就偉大的事業」。從以前到現在，我都抱著一樣的心態：職業像是一根探針，帶我去找到我的天賦與社會需求交會之處，有些探針讓我看到人生光明的一面，也有些帶我看見黑暗。我漸漸把這些探針當作甘地（Ganhdi）所說的「真理的實驗」〔取自甘地寫的書《我對真理的實驗》（*The Story of My Experiments with Truth*）〕，他用這個名詞來形容自己的人生。我覺得這個形容很貼切，因為就像真實的實驗一樣，雖有成功，亦有失敗。[6]

　　你在給我的信裡寫道：「我環視坐在圓桌旁的這些女性，她們一個個都對這個世界有偉大的奉獻，她們身兼多職，同時為人母親、摯友、鄰居與伴侶。像這群這麼好的女性，都說她們不覺得自己的人生有什麼意義，實在是太瘋狂了！」我看到這段話的第一個想法是，你所說的這群朋友（有很多我也見過面）或許跟我一樣，正在經歷用探針探尋解答的過程，她們正

「活在這些問題中」，未來有一天也將引領她們找到有意義的
答案。[7]

　　當然，我並不是要說服你和你的朋友遠離那些感受，畢竟
感受就是感受，不是什麼抽象的概念，也應該受到重視。因
此，我希望的是邀請你的朋友們一起仔細檢視她們的感受，去
看見她們將什麼價值注入她們的靈魂、生活與工作中。其實，
她們應該要為自己感到慶幸，因為這個社會常常阻礙年輕人去
追尋自己對於人生意義的想法與感覺，而她們並不害怕如此
行。

　　親愛的克特妮，你問了我很多和性別差異有關的大哉問，
像是該用什麼樣的價值觀去看待職場中的性別差異。身為一位
社會學家，我並沒有信心可以有系統地回答這類的問題，我只
知道最了解自己的我，也和你的女性友人一樣，曾因找尋不著
人生的意義而感到痛苦徬徨。

　　這個社會確實給予男性比女性更多的職場選擇與機會，也
給予男性更多物質上的回饋。這是制度上的性別歧視問題，它
就像許多不同的歧視一樣，是應該要被消除的。然而，從我的
角度來看，這是男性與女性共同面對的人生挑戰。這個社會上
很少有職業會帶人找到人生意義，也很少有工作是需要具備
「熱忱」才能勝任的。不論是對男性還是女性，要找到人生的
意義，都是一件需要經過很多時間、很困難的過程，這個過程
也很複雜，因此，我帶著尊敬，視你和你的朋友們為找尋職涯
意義的先驅。

在我認識的男性友人中，確實有少數人太過自我中心，認為自己唯一的人生意義就是工作而被消磨殆盡，以至於忽略了人生中其他重要的事物，但並不是每個人都很懂得怎麼去看見工作以外的價值。我看過太多的男性朋友在失去工作以後，也同時失去他們的自我價值與認同，甚至有時候個人的完整性也隨著工作角色消逝。

我不覺得這樣的事情會發生是因為我們男性太看重自己的想法勝過所有事情，而是我們不懂得從內心檢視自己，以至於沒有發現人的價值在於「我是誰」，而非「我做了什麼」。男性失去明確人生目標的原因，常常出自於內心的空虛，而非過度的自我重視。這也是為什麼有很多男性會往外尋求，跑到那些「錯誤的地方去尋找愛」，以填補內心的空虛。那些錯誤的地方常常存在著不平衡的性關係，以及物質上的暴力，而這些地方往往也充斥了人對於權力、金錢或名聲的慾望。

依我看來，男性最常有的心理疾病，並不是強烈的自我中心，而是「憂鬱」。當憂鬱逐漸成為心理根深柢固的問題，它可以使一個人失去自我。你應該知道，我是以過來人的身分在和你分享這件事。

我想，如果越來越多的男性聚在一起，像你和你的朋友們一樣，討論自己內心的軟弱、挫折、恐懼與希望，或許這樣的情況可以改善。這也是為什麼，有一本寫關於男性憂鬱症的書，會有《男人其實很憂鬱》（*I Don't Want to Talk About It*）這樣的書名。[8]

　　你在信裡也提到一些你對男性與道德敗壞的評論，我想對這點做一些回應，然而，回應中我所指的對象不是所有男性，而是我自己。我想起了關於「扔第一塊石頭」（casting the first stone）的聖經故事。你對我有一定的了解，應該知道我一生中是充滿缺陷的。我內心有一個清楚的感覺知道，我寫過最有意義的話，其實是在我內心狀態不是很穩定的時候所寫，那時的我很迫切地想要世人知道，身為人就意味著，我們注定是破碎且不完整的。

　　「完整」（integrity）這個字的字根是「完整無瑕」（in-tact），它帶有完整、完全，以及未被分割的意涵，這表示我們應該要接納自己的破碎，因為所有的缺點都屬於自己「完整」生命的一部分。男人會比女人更願意放棄自己的完整性嗎？我不知道這個問題的答案，但我相信，身為人，我們都有自己人性裡的軟弱。

　　我所確知的是，我期盼看見有一天，男人和女人一樣可以和自己所信任的人促膝長談，一同分享自己的人生旅程，以及內心的軟弱。

　　最後，我想以我晚年一直在思索的問題作結：「經過了這麼多失敗，**我自己**是怎麼繼續在這世上好好『存活』的？」歲月讓我有機會去偶爾一瞥逝去的時光，並看見「複雜另一面的簡單」，我也漸漸發現，恩典、寬容、家人親友無條件的愛、樂於分享人生故事的貴人，都是人生的解答。是這些幫助我度過人生最困難的時期，讓我知道自己並不孤單。[9] 是的，寬

容、恩典，以及愛和友誼，這些就是人生的解答。

親愛的克特妮，你和你治癒人心的話語，對我來說助益良多。你會講這些話，並不是出於對以前的我的不認同，恰恰相反，正是因為出於同理心，你才會說出那些話。我想表達的是，有時候，美妙的話語是從一個人的失敗與不完全而來，因此，我想對你說，人生一定會充滿許多不完美，「歡迎來到人類世界」！

或許，人生並不完美，正是我想傳遞給這個世界的訊息。我想把這個訊息傳給那些和我一樣需要它的人，好讓這些人可以度過人生的難關，也讓他們身邊的人可以獻上關懷與愛，獻上我們所能給出最美好的禮物。

或許，這就是你和你的朋友們已經在著手進行的事吧！你們給予彼此關懷與能量，也把這份愛傳到那些被你們感動的人身上。

心懷愛與感謝，
帕克

| 從裡到外活出自己* |

這所大學在過去四十年中，都致力於發展「沉思教學與學習」（contemplative teaching and learning），促使老師和學生從體驗中自我檢視教與學的過程。在納羅帕這所大學成立之時，大概沒有人預料到你們所種下的種子，會在全國的高等教育界開花結果，這樣的高等教育模式不但使你們個人受益，也讓全世界的人都獲益良多。

能和 2015 年的畢業生一同站在這樣一個大學的畢業典禮見證這一刻，是一件很榮幸的事。我想在此和同學分享兩個畢業禮物。第一份禮物是給予你們未來人生的六個建議，第二份禮物是我會在十二分鐘內完成致詞，好讓你們可以快點邁向人生的下個階段。

我的第一個建議很簡單，那就是：聽從自己內心的聲音時，不必小心翼翼。為了避免有人覺得我在帶壞年輕人，我在此聲明，在場的每一個你、家長、祖父母們，聽好了，我指的是要瘋狂愛上自己的人生。對於人和這個世界，要充滿熱忱，並且不論那件事有多困難，記得要勇於冒險。

沒有人在死後會說：「我真高興我這一生都如此自我中心、自私自利又很懂得自我防護。」所以，把你自己獻給這個

---

* 這是給科羅拉多州波德的納羅帕大學 2015 年畢業生的畢業致詞，這裡的版本是編輯過的版本，這個演講可於 YouTube 上觀看，網址為 http://tinyurl.com/y8bjdzce。

社會吧！獻出你的能量、才華、洞見及靈魂，用你的慷慨直率來擁抱這個世界吧！

但是，你也要了解到，當你這麼做的時候，你會發現自己的不足、發現自己懂得很少、發現原來失敗是如此容易。若要在愛與服務中成長，你必須知道「無知」和「知識」一樣重要，而「失敗」和「成功」也同等重要。

我知道在你們剛通過嚴峻的學歷認證之時，給你們這個建議有點諷刺，但我還是要跟你們說，緊抓著自己僅有的知識並不能活出豐富多采的人生。因此，好好培養自己的智慧吧！勇闖未知的領域、勇於接受冒險與挑戰，然後去經歷一次又一次的失敗，迎接一次又一次的學習。這樣的生命可以帶你活出充滿愛、真理、正義的人生。

第二個建議，當你可以勇於接納自己的失敗與無知之後，也要試著去接納自己其他的缺點。讓自己光明美好的一面和自己的黑暗面相遇，讓無私遇上自我中心、慷慨遇上貪婪、喜樂遇上悲痛。

每個人都有自己黑暗的一面，像我們受過高等教育的人**也不例外**。其實，對於受過高等教育的人來說，更是如此。然而，當你可以很自豪地說：「我包含很多特質，我有我的優點，也有我的缺點！」那些缺點或許也可以成為優點的一部分。我，身為一個一邊和自己的黑暗面奮鬥、一邊服務社會的人，講這些絕非空談，相信我，我很清楚這是真的。

當你能全然認識並擁抱自己，你就是給了自己以及世界上

其他人一個禮物。這個世界上亟需的就是過著蘇格拉底所說「經過審視的人生」（an examined life）這樣的領導者。在許多重要的領域像是政治、宗教、商業、大眾媒體，這當中的領導人都拒絕講到自己的缺點與陰暗面，因為他們並不想看起來很軟弱。如此一來，他們的軟弱一直處在一個沒有好好被審視的狀態，這可能導致他們用他們的權力做出錯誤的決定，因而傷害到無數的人，並危害了大眾對於社會制度的信任。

如果你夠重視自我省察，你將成為社會的領導者，成為少數可以重整這個社會的人才。如果，基於一些不知名的原因，你選擇過著未經審視的人生，那麼我請求你，請你不要做需要與人有所連結的工作！

第三個建議，當你可以坦然接受自己的缺點時，把這份寬容擴及到自身以外的世界去。這些年，我找不到任何比擁抱異己更重要的美德了，請試著把對自己的那份寬容用在陌生人身上。

像我這樣的年老之人，現在已成為舊時代的多數，我們已經準備漸漸退出主流社會了。到了 2045 年時，大多數的美國人會是各種不同族群的人，各帶有不同的文化與膚色。許多上了年紀的人很害怕這點，這種恐懼被政客操縱利用，正使我們的社會往下沉淪。

雖然我們的國家確實需要重整，但做這件事的動機不應出於人民恐懼「異己」的心態，我們不能再因為人的種族、族群、宗教或性傾向而拒絕他們。我們的恐懼會使我們原本富有

生命力的社會，變成一個僵化且充滿刻板印象的社會。我們應該抱著熱情與接納的心態來面對未來多元的社會。

　　我最近遇到一位大學教授，他離開了一所大部分都是白人學生的學校，然後去了加州南方，教導一群無身分移民的年輕人。當我問他一切進行得怎麼樣時，他說：「這是我人生中最棒的轉職了。我以前的學生都覺得上課要有趣是應該的，而我現在的這些學生都很渴望學習，他們很認真，也很勇於踏出自己的舒適圈。」

　　不久的將來，美國將有越來越多莘莘學子帶著以上這些特質來改變我們的社會，如果我們這些既得利益者可以歡迎他們，和他們合作，幫助他們排除人生的阻礙，那麼我相信未來的這幾年，我們的國家將前景無限。

　　第四個建議，試著去接下那些值得做的工作，那些可以散播愛、和平與正義的工作。這代表著要拒絕被社會短視近利的價值觀給迷惑。我們都想要我們的工作有意義，但如果我們以每一季的業績來定義工作價值，那麼最終只會因感到失望、挫折與難過而想放棄。

　　想想那些對社會付出且受人尊敬的名人，像是羅莎・帕克斯（Rosa Parks，美國黑人民權行動主義者，曾在公車上拒絕讓座給白人）以及納爾遜・曼德拉（Nelson Mandela），難道他們在死後會說：「我很高興完成了**那項**工作，因為現在每個人都可以檢核我的人生清單」嗎？不是的，我們所景仰的英雄，都能夠長期背負著那些不可能的任務，他們將一生都奉獻

在自己覺得有意義的事上，因為他們所相信的價值，凌駕於代表效率與成效的數字之上。

而這個價值就稱作「信念」，信念可以和你的天賦與世上的需求結合，然後你就能以你的能力所及，去回應社會上的需求。

我們越是追求效率與短期的成果，越無法去做大事，因為只有小事才看重短期的成效。國民教育就是一個很慘烈的例子，我們不再在乎怎麼「**教育**」小孩，而是只在乎小孩是否可以在考卷上得到很高的分數，我們甚至不去在乎考卷上測驗的是什麼。在這樣的過程中，我們斲喪了許多好老師的教育精神，也傷害到孩子：這個國家有成千上萬的孩子需要被「看重」，而非被「評量」。

當然，效率還是很重要的，但我們應該把信念看得更重要，就像許多老師一樣——忠於自己的初衷，也忠於那些我們所關心、幫助的人。或許，你不會像偉人一樣在人生中做什麼名留千古的事，但如果你可以在將到人生的盡頭時對自己說：「我一路以來都抱持著最初的信念。」那麼我相信你將帶著滿足離開這個世界。

第五個建議，既然人生中有喜樂，也有苦難，我鼓勵你記得這件事：**遇到苦難而不知所措時，人們最終選擇的，往往是暴力。**有時候，這個暴力的受害者是自己，我們可能會讓自己太過操勞，或用各種不同的形式虐待自己；有時候，這個暴力的受害者是他人，人常常會為了緩解自己的苦難，而故意想要

展現自己如何高人一等，用自己的眼光，以種族、性別、異性戀霸權的角度去苛求他人。

其實，人生的苦難並不是永遠都帶來負面的影響，有時候它也可以被轉換成一些給予人希望的事，這樣的情形每天都在發生。起初，苦難都會帶來莫大的悲傷，人們似乎很確信自己的人生不再有價值。然而，當他們漸漸意識到，原來正是**因為**這個苦難與創傷，使得他們更強大、更富有同理心，他們的心有了更大的空間去分享其他人的悲傷與喜悅。

心碎之人的心沒有碎裂，而是碎開了一個洞，以容納更多別人的情緒。因此，我們每一天都應該要練習讓我們的心去分享別人的痛苦和喜悅，如此一來，你可以讓你的心變得更柔軟。下一次你又心碎的時候，你的心不會像手榴彈一樣炸得粉碎，它只會裂開，以便有更大的容量去裝滿愛。

最後，我想要引用聖本篤（Saint Benedict）說過的話：「每天都把死亡放在眼前。」這聽起來像是一個很病態的行為，但是我可以向你保證它其實不是。如果你可以帶著一個健康的角度去意識到你終有死去的一天，你將可以打開心靈的眼睛，看見人生的榮耀與莊嚴。這可以激發你的美德，不論是我剛剛提及的，還是我所沒有提及的，例如希望、慷慨與感恩。

如果「未經審視的人生不值得活」，那麼也可以推導出「尚未活過的人生不值得被檢視」。美國作家黛安・艾克曼（Diane Ackerman）提醒大家要好好認真生活，真實地過我們的一生。因此，我想以她說過的話作為結語：

　　所謂偉大的事務，總和愛與生命連結，它要人盡可能地活出不一樣的生命、要人的好奇心像花一般綻放、要人能爬得高又跳得遠、要人能跳躍奔跑越過太陽直射的山嶺。在沒有風險的時候，我們心理上的未來路途就如同一片平原，平坦而無阻礙，儘管事實上它具有陡峭的地形，或有山谷與山峰，或有河流與蜿蜒小道，然而，生命並不讓我們看見這些地形。像地理課用地圖測量一樣，最終生命讓我們看見的，是長度。生命開始時是個謎，結束時也會是個謎，在前後兩個謎團之間，存在的是多麼壯麗的故鄉！[10]

　　再次深深的下台一鞠躬，願在場 2015 畢業班的每一個人，都可以帶著滿滿的恩典與祝福，去迎接人生旅途的下個驚喜，下一個，再下一個。

·十一月二十二日·

很久以前的今天，我們那前景無限的
年輕總統被暗殺了。死時他還太年輕
同時我也太年輕，看不見我的世界瓦解了
因它瓦解了。我哀悼我的損失，不，是眾人的損失，然後
開始重織——工作、生命、世界——當時還不懂
現在已懂的事：世界一直都在瓦解，
而重新編織的工作也要一再地進行。

你必須持續收集細線——富有意義的細線，

富有希望、目的、能量與意志的細線——

並帶著每個織布者應具備的知識與技能。

你必須持續編織——只有織布機壞掉的時候

可以稍事休息——織一件溫暖大披風，

和光明來抵擋黑暗與寒冷，織一件大披風，

把那些需要被保護的人包裹起來——把世界上

所有的痛苦、生命周遭的人以及你自己，包裹保護。

如果你夠幸運，你會在路上

找到最適合用來編織自己

破碎生命的細線，它比其他細線更能

帶給人溫暖和光，讓織布者帶著誠心，腳踏實地

完成編織的過程——那條紅色細線

稱之為「愛」，那個你手裡握著的。你將

傳到下一個人手中，對另一個人說：「你。」

——帕克・巴默爾

November 22nd

On this day long years ago, our promising

young president was killed. He was far too young

to die and I too young to watch my world unravel

as it did. I grieved my loss, our loss, then started

to reweave — a work, a life, a world — not knowing

then what I know now: the world unravels always,

and it must be rewoven time and time again.

You must keep collecting threads — threads of meaning,

threads of hope, threads of purpose, energy and will —

along with all the knowledge, skill that every weaver needs.

You must keep on weaving — stopping sometimes only

to repair your broken loom — weave a cloak of warmth

and light against the dark and cold, a cloak in which

to wrap whoever comes to you in need — the world

with all its suffering, those near at hand, yourself.

And, if you are lucky, you will find along the way

the thread with which you can reweave your own

tattered life, the thread that more than any other

laces us with warmth and light, making both the

weaver and the weaving true — the red thread

they call Love, the thread you hold, then

hand along, saying to another, "You."

——Parker J. Palmer

Chapter *3*

成為真實
從虛幻到現實

Getting Real
From Illusion to Reality

| 前言 |

　　我的屬靈生命在三十幾歲的時候轉了個彎，小時候的我在主流的基督新教家庭中長大，在大學、神學院及研究所就讀的過程中都修習了許多與宗教相關的課程。我有很充分的屬靈知識，我想我很可以接受並了解基督教當中的重點原則，舉凡恩典、寬恕、耶穌道成肉身，或甚至從死裡復活等。為了避免自己懷疑信仰，有時候要適當地忽略一些基督教傳統支派中比較激進、論斷性的言論，有時候要看清即便科學可能與基督教之內容有所出入，科學還是在我們生命中扮演非常重要的角色。以上這些議題，並沒有對我造成屬靈生命上的問題，因為我一直覺得我們要對信仰有信心，並了解到提出這些議題的人，都是我們屬靈生命上的夥伴，而非敵人。

　　雖然我沒有因屬靈知識上的疑問而感到困惑，但是我實在很渴望可以有一個更深層、更真實的信仰，我並不想要只有滿腦子的屬靈知識。我想要有親身的經歷，而不想要自己像現在一樣活得一團亂，我想要一個更少有懷疑或矛盾的生命、一個更接近「屬靈」的狀態。至少，我曾是這麼想的。

　　有一天，我聽了一捲錄音帶，是一場天主教修道會特拉普派（Trappist）修士托馬斯·默頓（Thomas Merton）對上百個即將成為修士之人的演講，地點在客西馬尼修道院（Abbey of Gethsemani）。在那裡，默頓是位見習導師，他在這群非常度

誠的真理追求者面前說：「你們啊，在追求一個屬靈生命之前，需要先有生命！」

這句話一針見血，他就像是在對著我說：「要活出生命！」這句話推翻我原本對於「屬靈」生命的想像，我以為所謂的屬靈生命是要遠離日常瑣碎生活累積出來的垃圾，並且像耶穌基督一般活得聖潔無瑕。默頓說的話就如同當頭棒喝，讓我體會到：「是啊！他是對的，我需要活出生命！咦？等等，我不是已經有一個生命了嗎？雖然我的生命是一團糟，但是默頓的意思是，現在這個生命是我唯一可以找到屬靈之路的起點！」

屬靈的旅程是一條和現實生活緊緊相連、永無止盡的道路，我們要拋開我們對自己、對這個世界，以及對自己與世界之間的關係之幻覺，使我們得以與現實生活更加緊密相依。這個過程從拋開對於屬靈生命的幻覺開始，我們要認識到屬靈的生命並不會幫助我們遠離世俗紅塵。現實也許很殘酷，但是活在現實裡遠比活在我們的幻覺裡安全多了，因為幻覺終將讓我們失望，而且年紀愈大愈真實感受到。畢竟，死亡本身就是我們一切虛幻的盡頭。既然如此，為什麼我們不要在死之前拋開那些虛幻呢？若如此行，我們比較不至於在失望或絕望中離開這個世界。

這一章的第一篇文章「因災難而沉思」（Contemplative by Catastrophe）可以算是一篇自白。我其實很嫉妒那些可以將屬靈紀律付諸執行的人，他們可以在迷失之前很快定位出自己的

幻覺。而我呢，我似乎需要先迷失之後，才可以再找回自己，因此我通常都是在一場災難之後（而不是在災難之前）才開始沉思。

「友情、愛、拯救」（a Friendship, a Love, a Rescue）談到我跟默頓長久以來的友誼關係，他一直以來都是我在屬靈上亦師亦友的好夥伴。然而，我其實是到他過世的那一年才真正算跟他認識。我們所有的會面都發生在書與書的封面之間，或是當他的文字從我腦中浮現的片刻。不過，我想不管怎麼樣，我一向都認為他給我的存在感不少於我身邊那些和我面對面互動的朋友。

「向下，通往幸福的必經道路」（Down Is the Way to Well-Being）進一步探究屬靈生命並不是一味地追求「飛黃騰達」（up, up and away）的成功，也不是把自己原本亂糟糟的日常大改造一番，而是了解到生命的根源來自於我們雙足所踩踏的實地，無論這個地面有多麼髒汙，我們還是都以它為基礎去建造生命的一切。

「寒冬樹林中的一週日誌」（Notes from a Week in the Winter Woods）是從我赤裸裸的日記中截取出來的文章，我的那本日記是每年一月退修會的時候寫的。我想這個世界上沒有什麼比待在威斯康辛州零下好幾度的地方思考人終有一死一事，更令人深有所感吧！

〈歡迎回家〉是一首我寫的詩，內容描寫我在寒冷的叢林

中散步的某一片刻。那一刻，我打破了原本自己出自於恐懼而
有的幻覺，我不再相信自己不值得存在於這個世界上，並且重
新看見了真理與真實。我相信，看見自己的生命多麼有價值，
是我們每個人離開這個世界前都應該要體悟到的事。

｜ 因災難而沉思 ｜

　　我第一次覺得自己快要在沉思的人生中溺斃時，大約三十
歲，然而，在讀過天主教修道會特拉普派的修士默頓的文章之
後，我深受啟發，因此我對於加入修道會有許多憧憬。我那時
以為去到默頓花了大半輩子待過的地方——客西馬尼修道院，
絕對會是個正確的選擇。比起那個讓我忙著做社區營造忙到快
發狂的華盛頓特區，肯塔基州林木茂密的客西馬尼山上以及大
自然中的生活，聽起來美好多了。

　　很遺憾的，我的本質與修士有許多重大差異。舉例來說，
我已婚，有三個孩子；還有一個足以養家的工作；而且比起天
主教教徒，我更像一個貴格會*教友。很顯然我對於成為修士
的「憧憬」其實只是妄想。因此我並沒有申請成為一位客西馬
尼見習修士，而是點了修道院最有名的水果蛋糕，這蛋糕是用

---

*　譯註：貴格會（Quaker）成立於十七世紀的英國，創始人為喬治・福克
　　斯（George Fox），又稱公誼會或者教友派（Religious Society of
　　Friends），是基督教新教的一個派別。

肯塔基州波本酒浸泡製作的。*

　　吃了水果蛋糕之後，我繼續去尋找可以在混亂世界中沉思之處。在那之後的幾年間，我讀到許多關於某些神秘溪流的文章，描述哪些溪流曾流經世界上各個充滿智慧的文明發源地。我參與了一些有導覽的退修會，也在那些地方嘗試著沉思。然而，除了貴格會聚會的場所之外，我好像找不到任何適合沉思冥想的地方，可以同時適合我的心境、信仰狀態，以及生命狀態。

　　「變通」始終來自於需求。我突然想到，沉思冥想並不受限於某種特定的地點或形式，無論什麼形式都可以達到一樣的效果：幫助我們看見自己，以及世俗世界上存在的詭計，使我們可以和霍華德・瑟曼（Howard Thurman）所說的「真正的聲音」有所連結。[1] 這聲音存在於我們內心之中，也圍繞在我們周圍。我想，不一定要做瑜伽、冥想、打太極，或聖言誦禱（lectio divina）才算是在沉思，其實，沉思是以它的功能而不是以它的形式定義的，因此，只要是任何一種可以讓自己看透虛幻並接觸到現實世界的事情，都可以算是沉思的一種。

---

*　2015 年 11 月 2 日，我的朋友莎朗・薩爾斯貝格（Sharon Salzberg）在 On Being 的部落格上發表了一篇文章〈依附之諷刺〉（The Irony of Attachment）（http://tinyurl.com/y9fzl8nh）。她提到達賴喇嘛在參訪客西馬尼修道院時，獲得了一塊特拉普起司，結果稍後，他跟那裡的僧侶說，他真希望他獲得的是一塊水果蛋糕。莎朗寫到：「聽了這個故事，其中一位友人說達賴喇嘛應該是少數這麼喜愛水果蛋糕的人。」我想要讓他知道，他不是唯一一個如此熱愛水果蛋糕的人，不過我也在此澄清一下，這大概是我跟達賴喇嘛這麼棒的人少數擁有的共通點。

這個定義使我大開眼界，或許只要我一直嘗試將人生經驗轉變成一種洞見，那麼我就是在活出沉思的人生。舉例來說，面對失敗可以讓我把虛幻昇華成看見現實世界的能量；當我成功地做成一件事的時候，我不會花太多時間去想我可能學到了些什麼，而是去慶祝自己有多麼聰明，強化了我在過程中最易產生的幻覺之一。

然而，當失敗戳破了我自己堆砌出來的自尊泡泡，我會花很多時間去找自己在哪一步做錯了，最後常常學到（或再次學到）那個所要學的其實就已經在自己身上。失敗給我一個機會去真的碰觸到那個真實的自己，也讓我重新思考自己與這個世界的關係。失敗讓我跳脫出自我欺騙的框架，使自己不要沉浸在成功的成就感之中。在眾多沉思的形式裡，失敗是其中一項。

生命充滿了挑戰使我們轉而進入沉思的狀態。幾年前，我遇到了莫琳（Maureen），她是一位單親媽媽，有一個重度發展遲緩的女兒利百加（Rebecca），許多時候利百加都需要別人的幫忙。因此，莫琳像是同時過著兩個人的生活，這種情況讓她沒有多餘的時間和精力去參與其他活動，比方說參加退修會或是一些正式的靈修活動。然而，莫琳卻是世界級的沉思者。

從世俗的標準來看，利百加可能稱不上所謂的「成功」、「有用」、「漂亮」，但莫琳對利百加的愛卻打破了我們這個社會的錯覺，讓我們重新思考應該怎麼看待一個人的價值。她

們母女的關係讓莫琳觸及真實世界，看見利百加不論對她或是對這個世界而言，都是一個很寶貴的存在，並了解到她的女兒和世上的每個人都一樣寶貴，都是神所眷顧的孩子。

當我待在莫琳身邊時，可以感受到她正散發著一股恩典之氣，那個氣息就像是縈繞在一個人身邊，讓人進入沉思的神聖氛圍中。當你在一個不會因為你做什麼而定義你的人身邊，你就不需要假裝或是戴著面具，因為你知道他珍惜你的原因就是重視「你」這個人本身，並知道你是個值得被珍惜看重的人；因此你並不需要在他面前假裝成什麼人，只管做那個最真實的、沒有防備的自己。所以，你可以在他身邊感到很放鬆。

除了挑戰，生命裡最具毀滅性的經驗，也可以帶你通往沉思的道路。至少，以我自己從前的憂鬱症經驗來看，這是真的。當你處在人生的低谷時，真實感好像消失了，你會感覺世界上所有的事物都只是強加在你生命裡的幻覺，像是有一個想要自我毀滅的「憂鬱聲音」在對你說話，說服你相信你的存在沒有意義，說服你你只不過是白白在世界上佔了一個空間；這個聲音也會說服你相信這個世界是一個折磨人的地獄，好像只有死亡可以使你解脫。然而，當你把自己放入真實世界裡，你就會發現所有的問題都是可以解決的，而真實世界裡的美好，舉凡地平線上的煦紅晨曦、友情、一位友善的陌生人、生命中寶貴的另一天，都是再真實不過的寶藏。

如果沉思與打破幻覺並活出真實生命有很大的關係，那麼當別人在跟我們說他們遇到一些使他們「幻想破滅」的事情

時，我們為什麼要帶著憐憫的眼神去看他們呢？聽到那些的時候，我們常常會說：「我很遺憾。」或是說：「讓我來安慰你。」其實我覺得，我們應該要說的是：「恭喜你！你又破除了一個幻覺，這使你離真實世界又更近了一步。如果你願意的話，讓我再繼續幫助你破除更多的幻覺吧！」

我其實有點嫉妒那些可以每天都將屬靈紀律付諸執行的人，每天做這樣的事，可以使他們遠離這個世界的假象和不真實，並且看見真實的自己以及真實的世界。我稱這種人為「刻意沉思」（contemplatives by intention），有一些我知道的人可以不用經歷像火車失事一樣的苦難，就可以進到沉思的狀態。

我呢，我想我屬於那種要有苦難才會沉思的那一型。我的警鐘響起時，通常都是在我遇到一些人生危難後，那些危難很急迫，我如果不趕快把自己從廢墟之中救出來，就會被土給掩埋。我不建議你們採取和我一樣的消極作法，然而，親愛的讀者，如果你和我有很類似的人生故事，我要當那位帶給你大好消息的人。因為苦難雖然看起來很危急，但它往往可以帶你通往進入沉思的人生。

我也還在通往進入沉思的人生路上，每天我都很注意自己是不是又遇到一些讓自己幻想破滅的事情，因為這些事都彰顯出很多我需要知道的事，這些事可能關乎我自己，或關乎這個世界。我們永遠都可以相信，生命能帶給我們重要的啟發，因為有誰知道明天發生的事將帶給我們什麼呢？或許發生的事可

以讓我檢討自己所懊悔的事、讓我仔細審視我以前覺得自己做得很棒的事,或讓我大聲說出自己國家目前的政治多麼缺乏情操。

不論生命中的事件可以帶給我們什麼啟發,我都會努力去發現每件事情的背後其實都能幫助我看見充滿希望的現實。懊悔可以因此變成祝福,而無情的批評可以讓我們更加茁壯。當我們很確信這個世界是多麼缺乏人性的時候,那就是應該要展現**我們**的人性之時,讓某個人在世界上的某個角落看見美好的人性。有時候,苦難帶來的沉思是會開花結果的,不幸的事能帶來的收穫,往往比我們想的還要多很多。

在忙著思考之餘,別忘了幾片波本水果蛋糕可以幫助你沉思喔!

| 友情、愛、拯救* |

我站在你們當中,提供一些帶給人希望的小小信息。身處社會邊緣的人當中,總有人勇於尋求,他們不依賴社會接納、不依賴社會慣例,且某種程度上來說喜歡在有風險的狀態下自由漂游。在這些人當中,如果他

---

* 本篇是修改後的版本,原散文收錄於《我們已合一:默頓對希望的信息──默頓百年紀念文集》〔*We are Already One: Thomas Merton's Message of Hope — Reflections in Honor of His Centenary (1915-2015)*〕(Louisville, KY: Fons Vitae Press, 2015),pp. 24-29。

們可以忠於自己的呼召，忠於自己的職業，並忠於從上
帝而來的信息，他們就有可能在最深的層次上進行溝
通。所謂最深層次的溝通並非溝通，而是交流，它超越
了語言，是無法言喻的，也超越了一切文字，超越了一
切概念。

——托馬斯·默頓[2]

　　我在托馬斯·默頓去世一年以後才認識他。或許聽起來很
奇怪，但我認識他的方法不是面對面，而是透過他的文章，以
及「超越文字」的交流。遇見他的感覺就好像是再次遇見了一
個長期與我分隔兩地的朋友，要是沒有默頓的友誼，以及他過
去四十五年當中給我的希望，面對如此不完美的自己，我不確
定我是否還能夠對自己的職志持有如此大的信心。

　　我的職涯旅程就是默頓所謂的「社會邊緣」，至少以我的
生活圈來看是如此。這個旅程從 1969 年開始，那時的我還在
努力完成加州柏克萊大學的博士學業，就在 1960 年代逐漸展
開時，那個帶領我走向教職生涯去研究所教書的聲音越來越微
弱，我看見了當時越南的問題，那個國家充滿刺殺事件與民族
暴動，我也看見了美國的問題，在幾個主要城市裡，我們有像
小說《下一次將是烈火》（*The Fire Next Time*）裡講到的種族
問題。看到了這些以後，我心裡彷彿有一個聲音在告訴我：
「你的呼召是要讓你走進社會，而非走進教室。」

　　因此，有著博士學位頭銜，我卻婉拒了幾個可以成為大學

教授的機會，並在 1969 年 7 月時和我的妻兒們搬到華盛頓，開始從事社區組織的工作。當時，沒有人可以理解我究竟在做什麼，那樣的決定就跟職業自殺沒有什麼兩樣。事實上，我甚至沒有辦法跟自己解釋自己在做什麼，我只有一股強烈的感覺，覺得儘管這看起來不像一條通往成功的道路，但它卻是一件我「沒有辦法**不去做**」的事。

我從來沒有社區組織的相關經驗，也沒有學過相關的知識；當時大部分的資金來源都要從助學金而來，而對於助學金的募款怎麼進行，我根本就毫無頭緒。當年的我把一切想得太過理想，也太缺乏經驗，個性上也根本不適合做這個，因為社區組織的殘酷世界離我太遙遠了。和一份有穩定薪水的教職工作比起來，我根本就像是在「有風險的狀態下自由漂游」。如果能夠擁有一些陪伴，或許那時會過得好一點，然而，當你正走向懸崖時，是很難找到同伴的。

✿ 遇見默頓

在華盛頓經過了五個月的時光，可以預期地，我這縱身一跳渾身充滿被現實摧殘的傷痕，就在這個時候，我走進了一間位於杜邦圓環（Dupont Circle）附近的二手書店。有一位朋友推薦我看湯瑪斯・曼（Thomas Mann）寫的《魔山》（*The Magic Mountain*）。這本書沒有出現在架上，但在找尋這本書的過程中，我無意間發現了一本我從來沒聽過的書——默頓所寫的《七重山》（*The Seven Storey Mountain*）。[3] 我還記得

那時候心裡想著：「反正也是一本跟山有關的書。這本書的作者也是 M 字母開頭的，應該差不多吧？」於是我就把那本書買回家了。

這件事發生在 1969 年的 12 月初，幾乎正好是默頓去世的一年後。然而，當我在讀他的自傳時，他就像活生生的在我面前一樣，我相信對成千上萬個他的讀者來說，也是如此。這樣的感覺，不是只是發掘了一個寫出好作品的作者那樣平常，而是彷彿遇到了一個比自己還要更了解自己的親切靈魂，又像是一個陪著我走過人生旅途的好夥伴。畢竟，我選了一條不尋常的人生道路，又或者說，會不會有可能是這個不尋常的人生道路選擇了我呢？

為了要更了解這個新朋友，我把他寫過的文章和書全都找來讀了，如果你是默頓的忠實讀者，那麼你應該會知道，這幾乎要花上一輩子的時間。他出版了至少七十本書，而這只是他生前出版過的書，在他過世以後，不知道又有多少書出版了。學術界裡，常有人開玩笑地說，在強大的論文發表壓力下，「不出版就滅亡」（publish or perish）。我想，默頓是第一個可以同時滅亡，又同時好好出版的例子吧！

我開始讀默頓的作品之後幾年，發現他寫的內容與法籍學者路易・馬西尼翁（Louis Massignon）所說的話有異曲同工之妙。馬西尼翁把九世紀穆斯林文化的神秘主義，以及其代表人物哈拉智（al-Hallaj）引進西方，他覺得他和哈拉智的關係更接近一個「友情、愛、拯救」的關係。[4] 他並沒有說是他把哈

拉智這樣的穆斯林文化從隨時會消逝的歷史洪流裡拯救出來，相反地，他認為穆斯林的神秘主義跨越了時空來拯救了他。

我覺得默頓於我，就如同哈拉智之於馬西尼翁。五十年後，我還在讀默頓的作品，而在我讀了一遍又一遍的《七重山》之後，默頓的思想真像是超越了時空來拯救了我。我一直尋尋覓覓著「友誼、愛、拯救」，如果你想要成為一個帶來希望信息的使者，那麼一定要知道以上三者都是非常重要的元素。我認為把希望帶給人，和給人勸誡或逗人開心一點關係也沒有。建立一段可以互相尊敬、鼓勵、激發想法的友誼關係，讓彼此可以加緊腳步學習，又或治癒自己身旁夥伴在接受人生挑戰時所受的傷，才是可以帶給人希望的關鍵。

過去近五十年來的時間，默頓一直都用他的文字啟發我，他像是一路陪著我走過了人生的旅程，告訴我如何用帶給自己生命與盼望的方法去看自己的過去、現在與未來。以下提供幾個默頓讓我看見生命的方法，以及我的心得與反思。

尋求真正的自我

首先，我想分享默頓區分所謂的「真正的自我」（true self）以及「虛假的自我」（false self）的關鍵方法，這幫助了我了解為什麼我離廣大未知領域的學術叢林其中一小區的樹叢越來越遙遠。我想，沒有任何一個理性思考的人會覺得我博士班剛畢業之後的決定是個「明智的職涯選擇」，然而，透過默頓的眼睛去看這一切，我漸漸看見，原來當初的選擇是回應

「真正的自我」的必要之路，那個決定像是人生千里之行的頭一步，而這股能量來自於心裡的聲音，那個聲音不斷地對我說：「你**不能不做**這件事。」

我從小是在循道會教會長大的，我很珍惜這個基督教派給予我的禮物，它讓我學會許多珍貴的傳統。然而，在我成長的過程中——包含了我在學的期間、大學就讀期間、在紐約協合神學院（Union Theological Seminary）的一年、主修宗教社會學的博士班就學期間，以及活躍於幾個新教主要教派的成員之時——並沒有機會去接觸到默頓所描寫並徜徉其中的沉思靈性的溪流。

他尋求真正自我的思想最終引導我落腳在貴格會，這個教派強調「每個人身上都有神的樣式」，由此可知，尋找真正的自我以及尋求神兩者之間，其實並沒有區別。這個概念不僅拯救了我靈性的生命，也使我可以更深入去看見自己的靈性生活。

充滿智慧的默頓觀察到：「我們大部分的人一生都在偽裝成自己。」[5] 我沒有辦法想像，有什麼樣的人生比活在這個世界上卻沒有活出神所造的樣式，更讓人難過的事了。就算默頓沒有給予我什麼其他的人生啟發，他鼓勵我活出真正的自己這一件事，已經足夠證明他和我的關係可以算是一場「友誼、愛」，更甚至是一種「拯救」。

矛盾的應許

「矛盾」（paradox）這個概念可以說是默頓靈性與知性生命的中心思想，它不只是一個哲學概念，而是真實被活出的道理。我的生命顯然有許多矛盾，而默頓的筆下沒有一句比《約拿的神蹟》（*The Sign of Jonas*）這本書中的引語，能讓我更靠近默頓的靈魂：「我發現自己前往命定的旅程原來都包覆在矛盾之中。」[6] 我的第一本書書名叫做《弔詭的應許：在矛盾中擁抱生命》（中文版由基道出版社出版），這絕非巧合，因為我寫的第一本書裡面呼應了很多默頓文章所述之思想與理念。

默頓教導讀者，不要只用理性和二分法的眼光去裁量自己生命的重要性，生命裡不是只有「是與不是」，還有很多矛盾是很難用一條界線來區分的。就像諾貝爾物理學獎得主尼爾斯・波耳（Neils Bohr）所說的：「一個正確的學說的相反，可能是一個錯誤的學說。但是一個精深的真理的相反，有可能是另一個精深的真理。」[7] 如果你能夠去思考每個邏輯背後的矛盾，那麼就可以說是擁有了創造力的關鍵，因為這代表你有能力把很多複雜的概念加以整理，並創造出新的東西。多去挑戰一些生命裡的矛盾，是通往完整生命的關鍵。可見如果要有一個完整的生命，一定要有可以擁抱自我矛盾的能力。

對我而言，要我重新組織生命裡的矛盾，可說是拯救我的一件大事。這些矛盾幫助我三次了解到，即使人生面臨約拿在

大魚肚中面臨的那種黑暗，從我身上所散發出來的亮光也不會
因此熄滅。「我的神！我的神！祢為何離棄我？」當我一頭栽
進黑暗裡、沒有意識到自己會發光時，這是一個我常常會問的
問題。默頓了解矛盾的本質，並分享他的心得，可以說是拯救
了我。為了使自己得以完整，我必須要有辦法說，自己既有陰
暗面也有光明面。

　　矛盾的思考，其實也有助於拯救我們脫離對基督信仰的懷
疑。有一些信念太強調盲目崇拜，使得這些抽象、不真實的想
法凌駕於基督真神之上。默頓這位思想家打從心底欣賞道教、
佛教禪宗以及伊斯蘭教的蘇非主義（Sufism），並且曾經發表
過以下這樣鏗鏘有力的言論，我認為如果這些話被眾人認真地
看待並反思，將會徹底改變基督教的現況：

　　　　十字架本身是個矛盾的象徵，它摧毀了食古不化的
　　法律制度、龐大的帝國及其軍隊……然而，那些「魔術
　　師」們不停地把基督信仰變成他們所想要的樣子。是
　　的，這對他們來說也是個矛盾，因為宗教信仰上的「魔
　　術師」使用糟糕的褻瀆之語，使得十字架與憐憫互相牴
　　觸！這對基督教來說可以說是最終的誘惑！基督教強調
　　基督已關閉所有的出路、只有一個答案、解決了一切和
　　死亡，這些說法使得生命局限於一致到令人害怕，在這
　　制度之外，是有嚴肅與詛咒，而在這制度內，卻是被拯
　　救者那令人無法容忍的草率。其中，已無空間留給神聖

的憐憫，而神聖的憐憫卻是唯一真正重要、應該被認真
看待的。[8]

走進社群的呼召

隨著《七重山》於 1948 年的出版，在客西馬尼修道院的
年輕人紛紛想加入默頓成為修道士。即便我晚了二十年，而默
頓也已經不在我們身邊，我也跟那些年輕人一樣，想要追求修
道的生命。然而，就像我前面所說的，我還有家庭與貴格會的
義務在身，如果我真的要全時間在一個靈修的社群中生活，那
麼我必須要找到其他的替代方案。

1974 年，我辭掉了我在華盛頓的社區組織工作，舉家遷
移到費城附近的彭德爾山（Pendle Hill），那是貴格會的人一
起學習生活的地方。此後的十一年，我找了一個最接近心目中
默頓修道生活的屬靈社群，與七十餘人日復一日地敬拜、查
經、事奉、參與社區服務以及共膳。我將這樣的修道生活視為
「獨身者的社群」，視為一種「共同獨處」的方式，這樣的生
活方式可以使一群人更加活出里爾克對愛的定義：「兩個（以
上）獨身的人保有他們的獨處邊界，又同時守護彼此、互相致
敬。」[9]

由於我在別的地方已經描述過在彭德爾山那十多年的時光
是如何使我加深、堅定我的呼召，因此我沒有打算在這裡更多
著墨這一塊。[10] 我想強調的是，因為貴格會的傳統，我找到了
一個可以透過社會關懷而進入心靈旅程的方法，這後來帶領我

創辦「勇氣與更新中心」，它是一個國際非營利組織，致力於幫助人們在「靈命與生活角色」中取得平衡。[11] 我在彭德爾山的經驗，也給我勇氣多踏出一步，走出舒適圈，去到「社會的邊緣」。自從我 1985 年離開那個社群後，我餘生都是一位獨立的作家、老師，以及社會運動實踐者。

當我服務社會底層、弱勢者的勇氣動搖時，我便用默頓最後一次演講中所說的話來振作自己。那場演講發表於曼谷的一場國際修士研討會，就在他臨死前幾個小時，默頓引用了一位被迫逃離自己家鄉的藏族喇嘛的話，他建議修士們：「我的弟兄，從今以後，我們每個人都得靠自己的雙腳站立。」[12]

在這個各種社會機構失能的時代，許多政治上、經濟上、宗教上的機構皆無法發揮其功能，默頓的一席話引起我巨大的共鳴：

> 我們再也不能依賴社會結構所給予我們的助力，因為那很可能隨時都會被政治權利或政治勢力給摧毀。你不能依賴結構，這些結構本是好的也應該幫助到我們，我們也本該盡己所能去善用它們。但是，它們隨時有可能被奪走，而若一切都被奪走了，那麼你下一步該如何是好？[13]

☙ 破碎世界裡「隱藏的完整性」

奈及利亞裔的小說家奇努阿・阿切貝（Chinua Achebe）曾經說過「萬物終將分崩離析」（things fall apart）[14] 這樣一個概念。但在默頓最有詩意的冥想詞之一——「聖索非亞大教堂」，提到「隱藏的完整性」（hidden wholeness）可以幫助人用靈性的眼睛去洞察破碎世界裡深層的真理。那些破碎的事物有可能是一個破碎的政治體系、一段破碎的關係，或甚至一顆破碎的心：

> 在所有可見之物之下，總有許多無形的珍寶，舉凡一束微弱的光亮、一次不求回報的付出、一個隱藏的完整性。這個奧妙的「合一」與「完整」其實就是「智慧」，它是萬物之母——創造自然的自然（*Natura naturans*）。[15]

這些文字，對我來說是一種盼望。一旦人有了眼睛可以去洞察這件事，人就永遠可以在破碎的事物底下，找到所謂的「完整」。這不只是一個可以使人寬心的概念，如果我們有這樣的眼睛，這是一個遠見，使我們可以了解佛家所說的「正業」的樣貌。

我想在此舉一個例子說明，在 1970 年代的早期，當我研讀如何在變動很快的社區裡建立種族正義時，我理解到，我的

工作內容並不是試著強迫人去做他們不想做的事，例如，抗議街區房地產欺詐（當時有許多人散布假消息說不同種族的人會入住社區，導致當地居民低價售出房地產，釋放假消息之人因而從中獲取利益）、倡議廢除紅線政策（美國黑人與白人住處隔離的政策），而是賦予他們權利做他們真正想做的事。因為有許多事情雖然符合正義，但他們卻沒有辦法以自己的力量去達成，也可能他們因太害怕或太害羞而沒有辦法去做他們想做的事。

　　看看那些住在多元種族社區裡的白人，他們因著內心的恐懼而跟隨「白人群飛」（White Flight）運動，可能已經有幾次透過搬家、變賣房子，而成功遠離所謂的「陌生人」。然而，在他們的內心深處，他們體悟到自己無處可躲，也沒有地方可以逃離人類社群的多元性，唯有接納多元性才可以為他們帶來平靜並豐富自己的生命。

　　我知道要做的第一步就是阻止那些操縱房地產的人，而這很簡單，我可以讓那些原本住在社區裡的人與新來的鄰居有更多面對面互動的機會，使得他們可以學到「對方」是帶著祝福而非威脅來的。你可能會說，可以讓他們去敲陌生人的門，然後認識那個來應門的人，但這對他們來說幾乎不太可能。與其讓這些人去做對他們來說幾乎不可能的事，不如讓他們參與一些活動。我和我的同事們想出的方法就是設計一些活動，讓他們可以自然地互動，例如，做每戶的意願調查，或舉辦社區派對、食物嘉年華，我們甚至想到了一個活動叫做「客廳對

話」，讓他們可以分享共同興趣。

即便人總有一種「排他」的緊張感，我們團隊做的事可以幫助大家滿足內心那個渴望「連結」的需求，而這真的奏效了。經過大家日復一日的努力，原本可能會解散的社群成功地變得完整又多元。

當然不是所有的事情總會進行得很順利。歷史常常是由悲慘的失敗而堆疊出來的，每一次的失敗背後，都有著對成功的憧憬。當這個憧憬越深刻，我們就越可能失敗。即便是如此，默頓有一席話，雖然看似矛盾，但或可給予我們一些希望：

> 不要只看重事物所帶來的結果……你們一生中，總會覺得自己的付出與努力不值得，也可能會覺得自己根本沒有辦法達成任何事情，即使沒有這樣的感覺，也難免會覺得事情的結果並不如自己所預期的那樣好。然而，當你開始習慣這個事實以後，你便會開始越來越專注於付出與努力本身的價值、公正與真理，而不是它所能帶來的結果。[16]

當我們越看重事情所帶來的結果，我們所承擔的任務也會越來越瑣碎，也就是這些造就出事情的結果。如果，我們想要活出愛、真理、正義等這種永遠不能直接被達成的價值，一定要憑著「忠實」才有可能辦到。當我死後，我問的不是一個機構的盈虧數字，而是會問自己是否忠於自己的天賦、是否忠於

那些在我周遭有需要的人、是否帶著忠實的心將我的天賦用在身邊這些人身上。是的，忠實，它帶我看見事物真正的價值，並透過公正與真理，使我可以盡我所能地把自己最好的一面貢獻給這個世界。

默頓灌輸了我這個觀念，應該說，他幫助我了解到這個道理，讓我深信即使我有許多的缺陷，我也可以帶著「忠實」，活出一個不一樣的人生。為此我永懷感謝，敬托馬斯·默頓，這位朋友、弟兄、希望的傳播者。

| 向下，通往幸福的必經道路 |

在我四十多歲時曾經和我的憂鬱症搏鬥，我的治療師跟我說：「你似乎會想像這一切發生在你身上的事，都是出自敵人之手，好像這些事情都是要來擊垮你的。你可以想想有沒有可能，這些事情其實是出自一位友人之手，它要把你壓回地面，使你可以腳踏實地、安穩立足？」*

---

* 憂鬱症是一個很複雜的議題，我在此只能分享我自己的人生經驗，以及我所了解的部分，但我所說的這些方法不一定適用在其他有憂鬱症的朋友身上，更不能被當成一個「處方」。由於憂鬱症所涉及的層面很廣，因此我在這裡想要強調的部分只涉及跟我自己的憂鬱症以及當時的情況相關之事，當然這個情況也可能涉及腦內的化學變化以及基因。另外，有很多人問過我是否支持服用抗憂鬱的藥物，我只能說，在我的三次憂鬱症期間，我大概服用了六到十二個月的抗憂鬱藥物，使我可以好好「立足」於世，但是有很多人可能一輩子都需要服用這樣的藥物。我覺得我並沒有特別支持或是不支持服用抗憂鬱的藥物，不論是用什麼方法，我想只要我們可以讓人好好以最好的方式活著，那麼不管什麼方法都是好的。

　　我聽完的第一個反應是：「我想換一個治療師。」當你很憂鬱的時候，這樣的言論其實聽起來有點像是一種侮辱，而且竟然有人會說撒但就像是自己「最好的朋友」，撒但明明就是要用可怕的牙齒來吸食我的靈魂！治療師提出這種假設真的很荒謬。然而，隨著時間的流逝，這個把憂鬱視為是一個好朋友的想像，確實對我有一些好的影響，我慢慢重組那個悲慘的我，並重拾我心理上的健康。有一部分的我知道那位治療師所言極是，道出了一項真理：**向下**，是通往幸福的必經道路。

　　在生命的前四十年，我一直相信「向上、向上、不斷向上」是正確的方向，也驅使著我努力工作、奮發向上……畢竟，高處總比低處要好，對吧？錯！活在高處是危險的，因為當我們跌落時，我們跌得很深，甚至可能喪命。況且，生命中經常有跌落的時候。反之，我們若住在地面上——活在現實中，與世界有自然且正確的關係——就容許我們絆倒或跌落時，可以很快地再站起來，不致受傷嚴重，只要拍掉身上的灰塵，就能再跨出下一步。

　　過去我會活在高處，是因為我誤用了人類的四項能力。這四項能力若能被正確使用，將帶給我們更大的幫助：

• 智能：身為一位學者的我認為思考很重要，我不只被訓練要思考，還被訓練要「住」在自己的頭腦之中，這是離地面最遙遠的器官。教育的過程中很注重「智」，而比較少強調「心」，「心智合一」（也就是把智力上的知識與經驗上的

知識合而為一）並不是教育過程中的一環。[17]

- **自我**：我們都需要「自我強度」（ego strength），也就是對自我信念的感知。然而，我似乎天生有一種自視甚高的心態，自我強度雖高，卻有點自我膨脹，我認為其實這樣不是很健康，這個自我讓我過度重視自己，為了掩蓋我內心害怕自己不夠好的恐懼。

- **靈命**：人的靈渴望與生命連結，並透過生命的能量來獲得最佳的生命經驗。然而，我好像沒有真正接受身在現實世界裡的那個自己，反而會想像自己的靈魂在天空，俯瞰著混亂的人生。為什麼身在基督教家庭長大的我，從小都聽著基督「道成肉身」，而自己的身體和靈魂卻好像沒有連結在一起呢？

- **倫理**：我一直試圖依循著一個幾乎不可能達到的道德潛規則，這個潛規則是別人建構出來的，告訴我**應該**做什麼、**應該**怎麼做。然而，我真正需要的，是找到對**我自己**而言，真實、可行、不可或缺的事物。

　　這些外在的想法一直給予我「應該」的壓力，當我沒有辦法做到，我會感到很失敗、我會評斷自己是一個軟弱又沒有信心的人。我當時困在那個道德發展階段，覺得每個人都應該要對自己有很高的期待，也要因自己沒有做好很多小事而感到愧疚。我當時告訴自己，通往美好人生的公式就是：志向高遠、腳踏實地，並且要永遠覺得自己做得還不夠好。

　　即使在有了越來越多人生經驗以後，我還是從未停下來好好問自己：「我做的這些是真正的我會做的嗎？」或是「我做的這些真的是我的天賦所在、我的呼召嗎？」結果發現我以為生命中重要的那些部分「本不該是我生命的一部分」，因此這些事情似乎註定要失敗。憂鬱症的確就像友人之手，把我壓在地面上，使我得以安穩立足——這個地面就象徵著我混亂又矛盾的人生，同時具有諸多限制又有無窮潛力，有負債也有資產，有黑暗也有光明。

　　後來，我發展出一個對憂鬱症的想像，好讓我可以把它視為一個真正的「友人」，它幫助我發現，自己沒有聽從生命之聲，導致我落入痛苦的深淵。想像多年來有個朋友一路上都走在我身後、叫我的名字，試著告訴我一些可以治癒我的真理。然而，我因為太害怕聽到真相，一直沒有轉頭去傾聽，或是我自大地認為世界上已經沒有什麼可以再學習的東西，因此，我聽不見自己的生命要傳達給自己的訊息，我也為此感到痛苦與失敗。

　　因此，我的這位朋友走得更近了，也用更大的聲音呼喚我的名字，然而，我還是繼續往前走，沒有回頭。然後它就又走得更近了，這次像是直接大喊我的名字，它因為我沒有回應而感到失望，甚至拿起腳邊的樹枝和石頭朝我丟過來，希望可以引起我的注意。但我即便有點被打痛了，還是堅決不回頭。

　　既然大叫、丟石頭與樹枝都不管用，我的朋友只好使用最後一個它可以用的必殺技：在我身上放了「憂鬱症」這個大石

頭。它並沒有想要傷害我，只是想要用盡所能地問我一句話：
「你要的究竟是什麼？」

當我終於回頭，去面對它一直要提供給我的訊息，我才有
機會去意識到自己到底在做什麼。唯有如此，我才真正開始踏
上通往幸福的路途。

默頓把這個朋友稱作「真我」（true self），它和想自我
膨脹的「自我」（ego self）不一樣，也不同於想用有邏輯卻
沒根據的思想凌駕於紊亂的生活之上的那個「理智我」（in-
tellectual self）。它不是道德上想為別人的期待而活的那個
「我」，更不是靈魂上一直想要直達天堂的那個「我」。

「真我」是那個腳踏實地活在世界上的我，這個「我」希
望世界上每一個人都活出自己與生俱來的天賦，真我告訴我們
自己是誰，告訴我們自己存在於生態系的什麼地方，告訴我們
「正確的行動」該是什麼樣貌，告訴我們如何將自己的潛力發
揚光大。

哈西德猶太教裡有一個故事，講述我們身為人的任務是活
出「真我」的樣貌，而不是一味地試圖活出別人的人生：

> 拉比儒西亞（Rabbi Zusya）死前說道：「在將來的
> 世界裡，他們不會問我，『為何你不是摩西？』他們會
> 問我：『為什麼你不是儒西亞？』」[18]

給自己的提醒：要腳踏實地、要回頭、要提問、要傾聽。

「真我」是一個摯友，而我們常常在自顧不暇時忽視這段友誼。還要記得傳達給身邊的人這句話：真正的朋友不會讓朋友孤身高處不勝寒。

｜寒冬樹林中的一週日誌[*]｜

ᔕᔕ 1 月 11 日，星期一

我在午後抵達我租的小木屋，它位於威斯康辛州的郊區。被零下好幾度的寒風催促，我走進小木屋，點了一把火，很快地把行李從車上卸下。在外頭，有好幾公頃的大地與叢林；在室內，就只有我一個人，頂多外加幾件衣物、一些食物，和幾本書。我的身體，同我的靈魂，可以得到一整週的獨處，享受安寧。

昨天我在打包的時候，有一位朋友問我是否很享受孤寂，我回答他：「那要看是誰出現在我身邊囉！有時候，我自己就是我最好的朋友；但也有時候我是自己最大的敵人，所以能不能享受孤寂要看我在小木屋裡的時候，是哪一個『我』來陪伴我。」

現在是晚上九點鐘，離貴格會的午夜還有一個小時，但我打算要去睡了。今天的我昏昏欲睡，同時又感到很平靜。我長

---

*　每年我都會在冬天花上一週的時間前往退修會，以下這些是我在 2016 年 1 月退修會中的日記擷取內容。

久注視的爐火，似乎把我背在身上的擔憂與憂愁都燃燒成灰燼了。

✿ *1 月 12 日，星期二*

凌晨五點鐘醒來時，我在黑夜裡多留在床上一個小時，看著昨晚已成灰燼的一些陰暗情緒像浴火鳳凰一般冉冉升起，試圖引起我的注意力。我想到詩人魯米（Rumi）寫過的一首名為〈旅店〉（The Guest House）的詩：「感謝每一個光臨的人，／因為每位都是奉派而來／都是上天派來的嚮導。」[19]

看來我需要跟這所謂的「上天」聊聊了，看來他（也可能是她、祂，或者是它）沒有意識到我來這裡的目的是為了要有一些可以自己安靜獨處的時間。

幾個小時過後，現在我又感受到那種平靜的感覺了。雖然我的廚藝乏善可陳，站在廚房裡幾乎可以算是個路障，但是品嘗的技能我還是有的，我可以感覺到幾片培根、幾口蛋、一片吐司，當這些食物的美味全都同時加在一起時，給予我一種安靜祥和的美好。這種平靜的感覺也從望著外面的風景而來，美麗的雪景在陽光照射之下，和樹木合而為一，越顯榮美；樹梢上掉下來的斷枝，像是從美麗雪地裡探出的樹根。

魯米所說的「上天」很有道理，因為平靜來自於接納「光明與黑暗兩者共舞」這個事實，而一份美味的早餐完全無損於此。吃過早餐之後，我讀了《與默頓共度一年》（*A Year with Thomas Merton*）這本書，這本書裡面有很多每日的沉思心

得，1 月 12 日的日誌寫著：

> 當我沒有固執地要自己隨時「對所有事都有反思的
> 心」，或是沒有試著要做什麼特別的事，而是於此時此
> 刻，試圖讓一個像我這樣的人活得完整，我覺得我好像
> 可以擁有更多的平安。[20]

這些話簡單又真實，但是當我們對屬靈生命太要求完美
時，好像會不自覺地迷失在自己的完美主義中。即使我對於下
廚這件事幾乎可說是一竅不通，此刻我要做的事就是做一頓早
餐。總之，不論我做的事情有多普通，也不論我是不是有可能
把它做得很好，最重要的是我要去做我能力所及的事。

即使外頭吹著冷風，溫度更低於零下六度，我還是覺得今
天下午該去爬爬山。我知道我不是薛克頓（Ernest Shackle-
ton，愛爾蘭裔知名南極探險家），但長期住在美國上中西
部，我很清楚知道，冬天只有在你走出門之前，會讓你深受折
磨。而這個「冬天」可以指具體的冬天，也可以是隱喻的冬
天。

卡繆（Camus）曾說：「在嚴峻的冬天裡，我終於發現在
我的身體深處，存在著一個所向無敵的夏天。」[21] 我並沒有在
爬山的時候找到那個存在在我身體裡的夏天，但陽光如刀鋒一
樣劃過凍結的草坪，溫暖了我的臉頰。高高的深藍色天空中，
一隻飛鷹「慵懶地在天空中盤旋」，就像牠們七月時會做的那

樣。在一月的威斯康辛州，能看到這樣的情景，讓我感覺已經夠接近夏天了。

☙ *1 月 13 日，星期三*

我昨天並沒有睡得很好，而且我很清楚為什麼。在就寢前一小時，我狼吞虎嚥了一盒水果軟糖，且一邊讀著屬靈的相關書籍。那本書提出了一些很不錯的想法，但是文字敘述並不流暢，因此我不停吃著水果軟糖，持續給自己刺激，好讓我可以繼續好好把那些文字吸收進去。昨晚沒有睡好是我自己的錯，但好處是我找到很清楚的證據，證明自己應該更自律才行。

我現在覺得好一點了，因為今天早上第二次做的燕麥早餐比上一次做的更療癒，它很純淨，又讓人覺得很舒服。我第一次做燕麥早餐的時候，把水和燕麥的比例放錯了，然後加熱太久，以至於最後那個鍋子看起來像是被穀物包裹的金屬雕像，這讓我想到一個有趣的標題：「機械時代裡的農業文化」（Agrarian Culture in the Machine Age）。沒錯，這都是我的不是，不過至少我這個廚房新手製造的混亂最後有被完整地修復。

我想我本日的主題是「獨處時搞砸的事」（Screw-ups in Solitude）。當我獨處的時候，我可以發現並顯現自己的缺點，這件事情讓我想到時會嘴角上揚。如果我在眾人面前承認自己的這些缺點，一定會覺得很丟臉，並且對自己感到很生氣。有時候，身邊沒人時比較容易接納自己。

道家大師莊子曾經說過一個比喻，他說有一個男子乘船渡河的時候，看到另一艘船朝著自己撞過來，他大叫了好幾聲，對向來的船都沒有反應，在他就要發怒的時候，他發現那艘船上根本沒有人，於是他的怒氣馬上消失得無影無蹤。因此，莊子說道：「人能虛己以遊世，其孰能害之！」（也就是莊子的空船理論。）[22]

在獨處的時候，我比較有辦法清空自己的船（虛己）。有人在我身邊的時候我也可以這麼做嗎？或許有可能：

> 獨處並不完全是和別人有所距離的意思，它的意思是永遠不要遠離自己。這跟別人的存在與否無關，也和我們身旁有沒有人無關，重點在於我們是不是一直都將自己展現在我們自己的面前。[23]

以上的引文來自於我以前寫過的一本書《隱藏的整全：朝向不再分割的生命》（中文版由基道出版社出版），或許我應該嘗試活出自己所寫的理念。

❧ 1 月 14 日，星期四

半夜兩點醒來的時候，我發現自己因為過去七十七年來所做錯的事情，感到很後悔。我很希望自己以前可以更友善、更勇敢、沒那麼自我中心。此外，我還發現很難想出自己做對了哪些事情。

　　清楚記得半夜兩點鐘永遠都是讓人最精神錯亂的時刻,清晨四點鐘我就起床了,好好整理服裝儀容、煮了一杯咖啡、走到戶外寒冷又黑暗的地方站了一會兒,然後我似乎看見了維納斯女神在東南邊閃閃發亮著,這位愛之女神的出現使我感覺好多了。

　　接著我讀了《與默頓共度一年》這本書在 1 月 14 日那天的日誌。我的老朋友在反思自己人生中所做的許多事以後,發現生命有太多他做對與做錯的事,而他又再一次給了我忠告:「我身處於矛盾之中:理解即寬恕,接受即是愛,幫助別人了解箇中道理即為憐憫。」[24]

　　默頓又繼續說到,他認為我們人生中的矛盾有如創造力的源頭。如果我們把所有事情都做對了,或是把所有的事都做錯了,那麼我們就沒有那神聖的不悅,或是那種想讓自己成長的希望感。我們做錯的事情讓我們可以去追求更好的;而我們做對的事情讓我們知道做到「更好」是我們能力所能及的。

　　給自己的提醒:不要忘記你的腦袋在半夜兩點鐘的時候從不是清醒的,因此這種時候要盡量到外面去,讓腦袋吸收一點新鮮的空氣。在對的地方尋找愛(維納斯女神可能會是個不錯的開始)。當一切都失敗的時候,就去沖一杯咖啡吧!

　　此刻,我準備要去補個眠了。

❦ *1 月 15 日,星期五*

　　今天早晨我醒來的時候帶著一抹微笑,但卻沒有什麼明顯

的原因。就像詩人魯米所說的一樣,這個微笑就像「上天派來的嚮導」,然而,這次的客人是一道曙光,是即將出現的笑聲。

我認知裡的英雄幾乎都對「笑聲」不陌生,說到這,就讓我想到我的祖父。威廉・詹姆士(William James)曾經聲稱:「基本的常識跟幽默感其實是一樣的東西,只是它們前進的速度不同。」[25] 我想,我的祖父就是這句話的最佳例證。

我記得以前他教我開車的時候,我只有十四歲,當時我做了一個很危險的動作。在愛荷華州的公路上有一個停車標誌,我卻直接開過去,停都沒停,後來才停在一個交通繁忙的十字路口,我看到祖父沉默了一會兒,讓我有一股不祥的預感。不久後他說話了,他說的話簡潔有力:「如果我知道你會這樣做,我不相信自己還敢找你來開車。」然後他就再沒有多說一句跟這件事有關的話了。之後的六十三年,我開車曾未發生過任何意外。

默頓一流的幽默感也是眾所皆知的,這個特質在修士中並不罕見。在《約拿的神蹟》這本書中,有一篇很感人的日記,是他剛成為修士時寫的,當中有一句話每次都會讓我覺得莞爾:「我有一個虔誠的想法,但我不會把它寫下來。」[26]

另外,我也很喜歡印度史詩《羅摩衍那》(*The Ramayana*)中的一段話,奧布瑞・梅南(Aubrey Menen)的評論裡也有提到這段話:

生命裡有三件事情是真實的:神、人的愚蠢,以及

笑聲。前面兩者是無法理解的，因此我們應該要盡力在
笑聲這方面努力。[27]

我很確定我今天會同時體驗到這三者，我相信只要我將我
的心敞開，神永遠都會在那兒等著我；而愚蠢一定存在於我裡
面，因此不論我走到哪兒，愚蠢就會跟著我到哪兒；至於笑聲
要怎麼體驗呢？我想每天光是笑我自己，就可以用掉好幾個小
時吧！因此完全不用擔心了。

🎗 1 月 16 日，星期六

《與默頓共度一年》這本書今天的開場白是：「只要不對
自己有什麼虛幻的要求，你就可以把你的人生活成任何你想要
的樣子。」[28] 雖然我不覺得我可以把我的人生活成任何我想要
的樣子，但我覺得如果我可以對自己少要求一點，這些要求就
不會扭曲我原本的樣子，也不會讓我遠離了自己的呼召，如此
一來將能帶來很大的幫助。

經過五天的沉靜與獨處，我發現令我掛心的許多自我要求
好像在我來到這裡之後漸漸煙消雲散。由於我這禮拜沒有做什
麼事情去滿足那些要求，我清楚地學到了一課：許多的要求常
常是出自於自己煩燥的心，既然現在我的心可以平靜下來，不
安的情緒也隨之被瓦解了，於是我感到更加平安。

說到這讓我想起我父親的故事，他是一個生意人，有一次
他教導我要如何面對壓力。在他的辦公室裡，有一個用來放文

件的分隔抽屜，他會把當天的信件放在最底下的抽屜，然後每過一天就把所有的信件往上移一格。而他每天都只打開最上面的抽屜，他說，等到那個時候，寫信給他的人有一半以上的問題都已經找到方法自行解決了，而剩下的那一半問題經過一段時間之後，也不會像當天收到信拿起來看的時候那麼嚇人。

你可能會問，這是真實的故事嗎？其實我也不確定，因為我父親很喜歡講這種有寓意的故事。然而，就如同黑麋鹿（Black Elk，為北印第安著名的巫醫、戰士及獵人）教導他部落裡的人一樣：「事情是不是真的這樣發生，我並不曉得，但如果你用心去思考這件事，就會發現它是真的。」[29]

當然，拜科技所賜，現在這個時代已經很少有人在寄紙本信件了，我們用的都是電子郵件。然而，我父親的方法在今天還是可行的：可以在電子郵件裡面放五個資料夾，然後照著我父親所說的方法來移動這些郵件。某種程度上來說，我想你**能夠**把你的人生活成自己想要的樣子。

✤ *1 月 17 日，星期日*

今天是我這場個人退修會的最後一天，我還在默想《與默頓共度一年》這本書在 1 月 13 日那天的日誌開場白：「在這個木棚小修道院裡，有一件事情我非做不可……那就是為我的死亡做準備，但這代表『在溫柔中預備』。」[30]

從死亡到溫柔，這是一個多麼大的躍進啊！他所說的概念和狄蘭・湯瑪斯有名的警世句「憤怒吧！對光明的死去感到憤

怒吧！」[31] 簡直是天壤之別。當我三十五歲時，憤怒對我來說好像是件理所當然的事情，而如今七十七歲的我，更覺得深植我心的話語是出自於托馬斯・默頓，而不是狄蘭・湯瑪斯。

死亡的前景，在這個黑暗的冬季夜晚裡，因夾雜著孤獨、沉靜與年歲而顯得格外清晰。我的呼召應該是要在我生命的各方面顯得更加溫柔，無論生命的展現是新是舊，只要能帶我們走向更豐盛的人生，我們就應該要好好看待它。

當然，有時候這也表示我要和在我周遭或甚至在我裡面的「溫柔」的敵人正面對峙，如果這會帶來矛盾的話，那就這樣吧！我相信如果默頓還在世，他也會贊同我的說法的。

· 歡迎回家 ·

獨處於異鄉，於雪地裡的荒野之外，
零下的日子裡試圖靠活動身體以維持體溫，
起身時我屏息，
同時看見太陽在枯枝之間的縫隙裡，逐漸下山，
陽光灑在我的臉上，帶來炙熱的生命。

輕輕地呼吸，與這個世界的節奏同步，
突然間，我覺得被接納——我感受到自己
以自己的力量腳踏實地，如樹一般強壯、扎根於地面——
時間與一切煩惱一同消失得無影無蹤。

而當（誰知道還要多久呢？）我通往

人生的正軌，並看見久遠以前就承擔的責任回來了

我停下一切，以至於我可以再次說「不」——

「不是這裡」、「不是現在」、「再也不」——

重新將樹林給予我的歡迎回家收歸於己。

——帕克・巴默爾

Welcome Home

Alone in the alien, snow-blown woods,

moving hard to stay warm in zero weather,

I stop on a rise to catch my breath as the

sun, setting through bare-boned trees,

falls upon my face, fierce and full of life.

Breathing easy now, breathing with the earth,

I suddenly feel accepted — feel myself stand

my own ground, strong, deep-rooted as a tree —

while time and all these troubles disappear.

And when (who knows how long?) I move

on down the trail and find my ancient burdens

returning, I stop once more to say *No* to them —

Not here, Not now, Not ever again — reclaiming

the welcome home the woods have given me.

——Parker J. Palmer

工作與志業
寫下生命

Work and Vocation
Writing a Life

| 前言 |

　　我從十三歲開始便以「景觀設計師」的身分工作，在三個漫長而炎熱的夏天，我負責割草。隨著時間過去，我後來陸續從事許多不同的工作，包括球童、海濱別墅維護員、研究助理、社區組織者、顧問、教授、院長、作家、非營利組織的創始人、工作坊講者以及退修會負責人。然而，我認為，「賴以為生的工作」以及「創造意義的志業」兩者是不同的。

　　謀生的方式經常改變，但我的志業使命卻始終如一：我同時是一名教師也是一名學習者，這是我一生中每個時期所追求的事。即使在公共海灘區打掃廁所時，我也在學習，學著了解關於人們境況的知識（雖然大多數是我不希望知道的事情！）。不過，我發現寫作是最能夠回應我生命呼召的工作，而我也多年無償地從事寫作。

　　隨著年齡的增長，辨明工作和志業之間的區別極其重要。有太多的年長人士，特別是男人，在失去工作時陷入絕望，因為他們不僅失去了主要的收入來源（他們常常不得不從事低薪或兼職工作），也失去了認同感。他們有一份能讓自己生存的工作，但是缺少使自己活出意義且可以終身去追求的志業。

　　我的祖父傑西・巴默爾（Jesse Palmer）是一位機床操作員，他為強鹿公司（John Deere）製造零件。當他六十五歲被迫退休時，他很難告別自己在機械車間的工作以及同事。然

而，祖父的志業其實不是製造機械零件，而是將粗糙的原料變成有用又美麗的物品的那份熱愛。很慶幸地，他退休後仍保持著這份熱忱。

他去世後，我繼承了一個很小的「五月籃」*和一個他用桃核雕刻的小猴子，桃核算是一種很難加工的材料。這兩個作品就放在我書桌旁邊的架子上，天天提醒著我，即便我的寫作不是個有償的工作，我仍舊可以把文字視為雕刻藝術品，繼續用文字將人生的混沌刻出意義。

本章的開頭「偶然成為作家」（The Accidental Author）這篇文章記述我第一本書的出版。作為家族裡第一個上大學的人，出書似乎有點超乎我預期，但是這並沒有阻止我跟隨我的呼召。純粹的寫作帶給我感動，促使我追隨呼召。因此，當要出書這件「意外」發生時，我手邊已經有了書的內容──從此，我再也沒有停止寫作。

「天生困惑」（Born Baffled）提到我與生俱來的天賦與寫作之間的關係。雖然我不是探究各方知識的專家，但是我常常感到好奇、容易困惑，甚至迷失方向，並且經常需要為思考尋找出路。寫作一直是我解開困惑的主要方法，好讓我可以再進入下一個階段的思考、沉浸於下一個困惑。

「未竟之詩」（The Poem I Would Have Writ）提到我嘗試寫一本書但後來失敗的故事。當時我確信寫那本書是我的呼

---

* 譯註：五月節有用籃子放滿花的家桶，稱為 May Basket Day。此日和世界勞動節同一天，但兩個節日的由來有所不同。

召，但在兩年的過程中，寫寫停停，最後無疾而終。雖然如此，我也因此寫了一首五節詩，那首詩道出我想說的一切。這件事也許證明了我是一個緩慢的學習者，或者也可以說明，一分耕耘，一分收穫，曾努力追求過的目標，沒有不會實現的。

「重新開始」（Begin Again）講述我事實上不是一位作家：我是一個改寫者（rewriter），我每保留一頁就會扔掉好幾頁。這不僅是我寫作的故事，也是我一生的故事。雖然我不願承認，但我常常忘記人生裡所學到的事，因而不得不從頭開始，重新學習我曾經知道的知識。我想年齡帶給人的優勢之一，是它使我們有機會學習、再學習，直到我們真正明白一個道理為止。

〈世界再次新綠〉是一首詩，反映了我深陷「寫下生命」時的感覺，生命經歷是文字的溫床，就像樹木從大地裡生長出來一樣，然後，樹木最終會回歸大地，就像文字一樣，「滋養世界的根」。

如果你想知道我的作家生涯與年老有什麼關係，我會告訴你，正如瑪麗・凱瑟琳・貝特森（Mary Catherine Bateson）所說，創作句子、段落、文章、書籍，這個過程與「構築人生」之間有著極其相似的地方。[1] 我在這一章稍後會提到：「我們在生命裡每做一個選擇……就決定了接下來幾行的人生內容，並讓這幾行的人生帶我們走向下一階段的道路。」我們如何「揮灑自己的人生」是很重要的，而當我們每多走一步，都會離死亡更近，如何「編輯」我們已寫下的人生，這種能力更加

重要。

| 偶然成爲作家 |

　　不時會有人詢問我如何可以成為一位作家。通常我都不會給予太多建議，反而我會問一些問題，以喚起對方的「內在導師」，任何人都可以從內在導師那兒獲得最可靠的指引。如果提問者不放棄，繼續追問的話，那麼我能做的最好方式，就是講述自己成為作家的故事，讓提問者決定其中是否有切合他情況的內容，姑且稱為「輕度建議」（advice lite）。

　　我二十多歲的時候就渴望寫作，很快地，就發現寫作注定要成為我生命裡的一部分。距離第一本書出版，已經是將近二十年前的事了，但我從未停止寫作。寫作這個小精靈不讓我離開它，一直到今天還是如此。老實說，偶然出版一事以及寫作小精靈，都和第一本書有很大的關係。

　　1978 年秋天，我教了一門關於托馬斯・默頓的課。最後的幾堂課，我計畫播放默頓的最後一次演講，這演講是他在曼谷意外身亡前的一兩個小時。在播放前不久，我才發現，我訂購的十六毫米捲筒式膠片電影，竟然被寄到錯誤的地址去了。（年輕人啊，在那個時代，你是沒有辦法上網下載或是直接播放影片的，當時甚至還沒有 DVD 可以播放電影！）

　　為了不要開天窗，我點燃深夜的煤油燈，寫了一篇講稿來代替電影。我的一個學生很喜歡那堂課，並且詢問我能不能印

一份講稿送給她的叔叔，他是默頓的忠實粉絲之一。幾週後，學生的叔叔打電話給我，說他是一家小型出版社的編輯，他很喜歡我的作品，想知道是否能在他們的月刊中發表。即使沒有酬勞，我還是馬上就答應了，感覺好像自己中了樂透一樣。

兩個月後，他再次來電說：「我們的讀者喜歡你的文章。您是否寫過其他相關主題的文章？」我知道自己的書櫃中有二十年來都被出版社拒絕的作品，因此我回答：「也許我可以找出一些。」他說：「都送過來吧！」因此，我重新點燃夜燈，將近整晚的時間都拿來整理文件，然後第二天郵寄出了幾十份作品。

幾週後，那位編輯第三次致電，他選擇了七、八篇關於「矛盾」的文章，並希望將它們彙整成冊。我記得他說：「您覺得這樣是否可行？」那時的我先說了：「讓我稍微考慮一下。」然後我用力吞了一下口水，立刻回答：「那當然！」

我做了一些修改，將那幾篇文章集結在一起，然後新增了幾段文章的前後文。九個月後，我拿到我的第一本書——《弔詭的應許》，用我懷抱著第一個孩子時的眼神，凝視著這本書。

在那美好時刻之後的三十八年，我一共出版了九本書，然而如今，寫作環境發生了巨大的變化。我從來沒有聘請過經紀人，也沒有自行出版過，也從來不用擔心我的線上「平台」能觸及到多少人。但是，根據我的個人經驗，寫作時有三個真理是不變的。

　　首先，你需要弄清楚你的主要目標是**寫作**還是**出版**。如果我沒有儘早決定我的主要目標是成為一位作家，而不是發表出版，那麼二十年間不斷收到出版社的拒絕信一定會讓我很受挫。如同一位智者所觀察到的，我們可由一個人所寫的東西來分辨那個人。一旦我很確定我想做的是寫作，只要我繼續寫作，即使沒有任何出版社願意和我簽約，我也是成功的。這是一個可行的目標，而且是我自己的能力所能掌握的。

　　再來，你需要倚靠那惱人的運氣。當人們以為我在開玩笑時，我都會用我的經驗告訴他們：你越常發表你的文章，你就有越高的機會可以碰上運氣——即使在只有十五名學生的托馬斯・默頓課堂裡，也有可能會遇到機會來叩門。因此，請成為強尼・蘋果籽（Johnny Appleseed）*，讓你的話語撒遍全地，也許有幾句話會落在沃土裡。

　　但寫作往往是這麼一回事：以作家的身分寫作，常常意味著你得一股勁兒地堅持下去。義無反顧來寫作，除了可以讓你有所成長，也讓你有更高的能見度，使你碰上運氣的機率增高，這個機會比你以營利為目的寫作來得高。（請千萬記得，如果你想以作家的身分受人尊敬，請永遠不要使用「營利」之類的相關字眼。）

　　第三點，也是最重要的一點，就是要承認自己困惑不解，這應該不難做到。我的意思是，其實我們自己、身邊的人，以

---

*　譯註：美國西進運動的傳奇人物，他在美國中西部引進並種植蘋果樹。

及我們共享的這個世界，難道不都是充滿著疑惑嗎？問題在於，有些人（也包括寫這句話的我）寫作時會犯一種錯誤，假裝自己比實際上還聰明而去寫作。

以我早期的文章為例吧，甚至把那些文章直接拿走我也願意！當我回去閱讀那些掉書袋的文章時，真不知道該笑還是該哭，因為我看著以前的自己，這個可憐的傢伙一頁接著一頁，寫著多音節的字組，試圖使他的論點「學術嚴謹」，不苟言笑，甚至有點沒人性地長篇大論。當時我所認為的「嚴謹」（rigor）實際上是「屍僵」（rigor mortis）。

我當時寫作的目的是「表現」而不是「表達」，現在想起來，當時的動機實在不太好。我試圖說服讀者，我是該領域的專家，而不是一個試圖理解專業箇中幽微的人。其實，當時的我對於教學、社會變革、靈性，以及民主等，都還相當困惑不解。事實上，我最好的寫作來源不是專業知識，而是「初始之心」。

對我而言，寫作並不是收集事實、將事實包裹在清晰的思想中，然後將這些形諸於文字。寫作從沉浸於一個我不知道的地方開始，像身處暗處一樣，要在黑暗中等待夠長的時間，等到眼睛可以適應黑暗並開始看到那裡的東西。學習其他專家對一個問題的看法之前，我想要有自己的發現、思考自己的想法，並感覺自己的感受。

經常有人建議新手作家「寫一些你所知道的」。我不會說這是個不好的建議，但我還有更好的建議：「寫下你『想』知

道的，因為這會引起你的興趣並使你感到困惑不解。」正是這種渴望「解惑」使我不斷寫作，且永遠不覺得失去挑戰性。正如體育作家雷德‧史密斯（Red Smith）所說：「寫作其實沒有什麼大不了的，你要做的就只是坐在打字機前，挖掘自己內心深處的一切。」[2]

激發人喚起思考的問題，通常比單純的建議有用。但是，不管建議的價值高不高，我還是想在此將我的「輕度建議」歸結為以下幾點：(1)請記得更關注過程而不是結果。(2)在開始寫作時，請義無反顧，好讓自己有最大的機會碰上好運，每當你有點動搖時，請繼續將營利擺到一旁。(3)不管你的「自尊」如何高聲抗議，都要讓自己潛入內心深處、花上一段時間去掙扎，並練習以初學者的角度去思考。

想到這裡，我突然覺得以上提到的幾點，也適用於寫作以外的事上。嗯，關於這個，也許可以寫一本新書……

| 天生困惑[*] |

我同意在「信仰與寫作」研討會上演講，但同意的時機好像不太對。會議的一個月前，對於寫作，我可能還有很多令人振奮的話想說，也還滿有信心與熱忱。但是當研討會到來時，我正在寫的書讓我陷入了彷彿地獄般的深淵。

---

[*] 本篇修改自演說稿，是我於 2010 年 4 月 17 日在加爾文學院（Calvin College）參加「信仰與寫作」研討會上的一場演講。

在那兒，他們練習反向的煉金術，把值錢的金鍊成鉛：我在清晨寫的金句到了午餐時刻彷彿已變成殘渣。當他們這樣做時，我唯一能說的好話，就是引用爽朗樂觀的喬治・歐威爾（George Orwell）的話：

> 寫書是一場可怕、艱苦的戰鬥，就像一場纏鬥已久、痛苦的疾病。如果不是被那既無法抗拒也無法理解的惡魔驅使，那麼他絕不會從事寫書這樣的事。[3]

五十多年來，我一次又一次地邀請那個惡魔進入我的生活，並意識到疾病會隨之而來。唯一已知的治療方法是趕在文章把我打敗以前完成它——以雅各和天使摔跤的方式，將對方摔倒在地上，直到苦難昇華成為類似恩典的東西。這時候，信仰和寫作融為一體：無論你走在哪一條路上，都很難分辨自己是在與天使還是惡魔搏鬥。

然而，我並不是在抱怨。我喜歡寫作的挑戰以及它給我帶來的生命力，即使火焰已經延燒至腳前，也無法阻止我寫作。正如馬克・吐溫（Mark Twain）所說：「人上天堂為景象，人到地獄為找伴。」[4]

小學時候的我，立志自己的人生目標是成為一名飛行員。我只想「滑出地球的界線／在充滿歡笑的機翼上翩翩起舞」。[5]因此，我花了很多時間製作飛機模型，我的模型飛機常常墜

毀,就像許多男孩的飛機一樣。

但是我有和其他小朋友不同的地方,我會花更多時間製作飛機如何操作的小冊子,裡面寫滿了我悉心輸入的文字,還附有插圖,甚至用圖片說明當引擎將飛機拉升至空中,機翼的曲線是如何產生升力,我將這些內容折好裝訂起來「發表」。由此可見,我小時候**真正**想當的不是飛行員,而是作家。我想寫生活上的各種奧秘,譬如,重物如何在沒有支撐的情況下可以停留在高空中。

幾年前,有人問我為什麼成為了作家。在那之前也有人問過我一樣的問題,我給了他們不實的回覆,因為我也不知道答案。但這一次,我清楚知道了:「我之所以成為作家,是因為我『天生困惑』。」

這又是另一個信仰和寫作具有共同點的地方。就像寫作一樣,信仰幫助我們處理令人困惑之事,直到我們能用新的眼光看待事物。「我們因著信,就知道……這樣,所看見的,並不是從顯然之物造出來的」(希伯來書十一章 3 節),我想,讓波音 777 升空的魔法也是基於同樣的道理!

我認為,感到困惑是我與生俱來的天賦之一。剛出生的我一定是從子宮裡出來後,吸了幾口氣、環顧四周,然後說:「這一切到底是怎麼回事?」生於一個令人困惑的世界裡,我從來不會找不到讓我感到困惑的事物。因此,我的寫作方法很簡單:找出一些令我感到困惑的東西,寫出足夠多的內容來揭開困惑的第一層皮,這時我發現了另一個更深層的困惑,然後

在裡面又發現另一層，就這樣，盡我所能地去寫作，確保自己永遠都能在探索最後一個謎題之下再找到另一層謎題。

以下簡單列出一些讓我感到困惑的事物：

• 為什麼有這麼多富裕的美國人，他們擁有的金錢和物資遠超乎所需用的，卻覺得自己永遠都不夠？
• 為什麼這麼多受過良好教育的人能準確地理解物質世界的運作方式，卻對自己的內在動能一無所知？
• 為什麼有些公民說他們熱愛民主，卻經常容忍貼標籤、散布恐懼、使人替罪之類的事情發生？
• 我這個人是怎麼了？我洞悉別人的問題，但是自己所信的是一回事，所言的又是另一回事，所做的更與所信所言毫不相關？

矛盾從我裡面也從我外面推動著我，因此我花了很多時間寫關於上述問題的文章，尤其是和我的信仰傳統有關的那些矛盾。為什麼基督教信仰傳統以「道成肉身」為基礎，卻對於人的肉體和性慾如此恐懼？為何以「愛你的鄰舍」為基礎的信仰傳統，會使如此多的「鄰居」極度害怕和自己不一樣的人，並把那些人丟到外面的黑暗中呢？

有些人似乎認為問這種問題表示對信仰缺乏信心。但其實信仰中包含要我們去充分意識到自己的矛盾，這種意識可以孕育謙卑，而謙卑正是信仰的核心之一。對我來說，因為極度害

怕矛盾而假裝並沒有矛盾的存在，才是所謂的缺乏信心。

實際上，相信我們的靈命中沒有矛盾比沒有信心還更糟糕。這會使人變得傲慢，即使每個人都宣稱自己是按照上帝的形像所造的，這種傲慢還是會在種族主義、厭女症、恐同症和仇外心理等方面發揮主導作用。

以我的經驗來說，只有一種方法可以使自己、自己的信念，以及自己的世界看起來是一致又和諧的，那就是假裝。雖然我的話不能直接代表上帝，但我十分確定，上帝不贊成假裝，假裝就像其他很多不好的事物一樣，會阻止我們去看見自己需要改變。

說到假裝，成為作家最大的誘惑之一就是可以假裝，然後享受讀者對自己的仰慕，讀者常常因為作家寫了一本關於特定主題的書，就覺得這個作家在這方面一定是專家。當我年輕的時候，我很渴望得到這樣的仰慕。我忘了小時候父親給我的忠告：「記住，帕克，今天的孔雀，很可能是明天的雞毛撢子。」

當「自我」因他人的仰慕而膨脹時，我失去了使自己保持在最佳創作狀態的禮物：困惑。我不再尋求答案，而開始相信自己知道答案。為了一直保有我寫作的天賦，我嘗試坦率地寫出自己的缺陷、失敗和陰暗的一面。當我能夠誠實地做到這一點時，讀者便不再把我視為專家，而是把我當作同路人，或甚至當作人生旅途上的好夥伴。

　　我從來不覺得有義務在公開場合分享自己內心的破碎。正如一位榮格派（Jungian）治療師曾經告訴我的一樣，「每個靈魂都有自己的秘密」。只有當我將艱難的經歷完全融入自我意識中時，才能以一種有安全感的方式講述自己的故事，讓讀者有空間去反思我的故事，反思他們在生命裡遇到的困難。我花了十年的時間，才有辦法不帶太多情緒地寫關於心靈陷入黑暗的故事，而不再憂慮讀者是否會因此擔心我的安好。

　　身為作家，我覺得沒有什麼比從其他憂鬱症讀者那兒收到感謝信更讓人開心的事了。但是，我從來不知道其他受憂鬱所苦的人需要經歷什麼才能走出來，因此，我也沒能力寫一本教人如何走出來的書。「技巧、秘訣、竅門」這類的書籍通常無法打動我；對我來說，把你的故事述說得真實而精彩，對我來說就已經足夠。因為當作者分享自己的奮鬥故事時，他所遇到的挫折與掙扎，讓我在自己的故事裡得到陪伴，這就是我所知最好的心靈雞湯。

　　講到這裡，我覺得這又是信仰與寫作之間另一個相似之處。我熟悉的上帝並不像 GPS 那樣隨時監測我的位置，但是會在我穿越最黑暗的地方時陪伴著我。我認為一個好的作家，至少要給讀者有被陪伴的感覺；當一個作家，基於人類深處的脆弱而書寫，並富含同情心，寫作不但可以使他人受益，也是自我療癒的過程。

　　然而，儘管我非常注意如何分享自己陰暗面的故事，但它還是有些不易之處。一旦故事被寫在紙上，它就定型了、凝固

了、結凍了，當我將其化為文字並發表時，原始的經歷就失去
了活力。經常講這個故事，它就不再是一個活生生的故事，尤
其是當它引起讀者的熱切迴響時，這個故事反而變得比較像在
譁眾取寵。

　　當我撰寫或談及這樣的故事時，我很想對自己說：「只要
故事本質上是真實的，又可以觸摸到人們的內心，誰會在乎那
是不是你的親身經歷，或是杜撰出來的？」或許沒人在乎，但
我的靈魂在乎。當我虛構自己的經驗時，即使只有一點點，我
的靈魂也不會喜歡。故事虛構的程度與故事帶來的生命能量成
反比，當我虛構越多的時候，那些賦予生命的能量就會消逝越
多。

　　巴里・洛佩茲（Barry Lopez）說：「真相不能淪為格言或
公式。真相帶有生命力，給人難以言喻的力量。故事創造了一
個特殊氛圍、一個可識別的模式。」[6] 當一個故事說出真相
時，這個模式幾乎就像風吹過草原上的草叢一樣，短暫而迷
人。如果你只是單單從字面上講故事，確保讀者有「理解」，
那麼這種模式就不像草叢間的風，而像是釘在地上的木樁。

　　作為一個想透過書頁上的文字與讀者建立心靈連結、打動
讀者的作家，我覺得有個問題很兩難。我是不是該用我的靈魂
說故事，以一種讓讀者覺得引人入勝的方式，暗示草叢之風的
無常？還是我該做一些取捨，不全然流露百分之百的真實？我
想這個問題的答案是：見仁見智。

　　可以確定的是，寫作對我來說是一種公開的治療，因此我

有義務記得要將這個療程的某些部分留給可信賴的朋友或專業
人士。正如十九世紀的英國女演員帕特里克‧坎貝爾夫人
（Mrs. Patrick Campbell）對公開場合中過度親密行為這個議題
所說的一樣：「我不在乎他們的所作所為，只要他們不在街上
過度親密並嚇到路上的馬就好。」[7]

　　寫作，有時是我祈禱的一種形式，我想再提出一個信仰和
寫作之間相似之處：「你們禱告的時候，不可像那假冒為善的
人，愛站在會堂裡和十字路口上禱告，故意叫人看見。……你
禱告的時候，要進你的內屋，關上門。」（馬太福音六章 5
節）或者，就像帕特里克‧坎貝爾夫人可能會說的那樣：「禱
告時，不要嚇到路上的馬。」

　　寫作，是一種**反思**的行為，可以幫助我根據自己的經驗進
行分類、篩選和分析。寫作，也是一種具**前瞻性**的行為，像個
預警系統一樣，告訴我下一個機會或成長必須經歷的過程是什
麼。回想起來，儘管當時我還不知道，我寫過的書其實是為接
下來要面對的事做準備。我相信這本關於年老與死亡的書，能
讓我預備自己去面對未知！

　　當我寫作時，我像在篩選哪些事是和自己有關的，或者進
一步說，我在探索自己平常沒有意識到的、更真實的自己。托
馬斯‧默頓說，我們許多人過著「自我偽裝」（self-imperson-
ation）的生活。[8]寫作讓我摘下面具，使我得以展現真實的面
貌，也能更清楚看見我所需面對的事物。

　　我的第一本書是《弔詭的應許：在矛盾中擁抱生命》。書裡的我一直在努力學習如何面對人生的種種對立，直到最後，我發現整本書的中心思想就是「矛盾」（paradox），意即，生活中許多真理常常包含一個概念的兩個極端，真理並不是以「二分法」的形式存在。

　　寫了《弔詭的應許》後的一兩年，我經歷了一個低潮期，那是因我長期無視自己陰暗面的習慣所致。我在那個危險時期找到最有價值的資產之一，就是矛盾的概念。矛盾幫助我接受了這樣一個事實：我既是好人也是壞人、人生中永遠有黑暗也有光明共舞，而且，偉大奧妙的上帝包含著同樣的雙重屬性：「我施平安，又降災禍；造作這一切的是我——耶和華。」（以賽亞書四十五章 7 節）

　　《弔詭的應許》大致上是一本幫助人自我內省的書。但這本書不但讓我思考了內在生命，也讓我思考外在生活如何與內在生命不斷相互交織影響，共同創造出我們身處的這個世界。我稱這種現象為「莫比烏斯環（Möbius strip，分不出裡面與外面的立體環）上的生活」。同樣地，我的第二本書《公共的教會：巴默爾談與陌生人做朋友》（中文版由校園書房出版社出版）也將我從莫比烏斯環的內層引向外層，寫作再次預備我前往該去的地方。

　　在《公共的教會：巴默爾談與陌生人做朋友》書中，我試圖尋找一種不會導致自戀的思考模式，我們常常會因為深信上帝只住在人的內心深處，而不自覺地自戀起來。我一直在尋求

將靈命與呼召結合的方法，以創造一個充滿愛與正義的世界。當時的我需要寫下關於「與陌生人做朋友」的生活，以免最終活在一個封閉又單一的精神團體裡。

雖然我在第一本書中寫了內在生命，第二本書中寫了公共生活，但我還是要面對我既不是神職人員，也不是專職社會運動家的事實。無論如何，我都是一位不折不扣的教師。無論我是在教室裡工作、組織社群活動，還是獨自一人寫作，在我的內心深處，我深知我是位教師。

因此，在第三本書《未來在等待的教育：從創造生命的空間開始》和第五本書《教學的勇氣：探索教師生命的內在視界》中，我發現自己在探索身為教師的這項職業。我試圖理解教學與第一及第二本書中所說的內在、外在生命問題之間的關係，而當我認真思考著要如何把「自省」以及「行動」帶入「教學生涯」時，對於生命問題，我有了更清晰的想法。

我寫的幾本書中，沒有任何一本背後的寫作心態是杜撰：「我知道生命將把我帶到何處，所以我要一路寫，直到我到達那裡為止。」寫每一本書時，我想做的只是剝掉幾層困惑，唯有透過內省，才有辦法在看到未來的雛形以前，朝著自己生命盡頭所散發的微光來撰寫。

❦

德國小說家湯瑪斯・曼曾說：「所謂作家，就是相較於其他人，寫作對他來說是比較困難的那種人。」[9] 我很認同這句話，其實寫作對我來說，實在是太困難了，以至於我沒辦法稱

我自己為一位作家，我想我充其量只是一位「改寫者」，因為我總是要扔掉一打的紙才能留下一頁草稿，而且總是要改寫到至少第七或第八校才能送印。

我很久以前就已經擺脫了完美主義的束縛，因此我不斷地重寫並不是出於完美主義。每次我修改時，我的好奇心都會作祟，讓我不禁去想：人生旅途的轉彎處背後藏著什麼？這個奧妙難解的世界，或甚至是我複雜的腦袋，背後又藏著些什麼？

我經常對自己的發現感到驚訝，而且我感覺，那些東西一直坐在某處等著我找到它。這就解釋了為什麼有人引用我書中的話時，我會問自己：「我真的寫過這個嗎？」因為我其實不完全認為被引用的話是我自己的想法，從某種意義上來說它的確不是，它只是我透過靈光乍現偶然領悟到的見解。

講到這裡，我想提出一個涉及寫作以及信仰的核心問題：當我們用文字或信仰探索何謂現實世界時，我們是不是在發現或發明？我猜這個問題的答案是肯定的。這個答案很重要，不僅因為我認為它是真的，也因為我相信它可以使我們以更謙卑的心態面對自己的信念。

一件事既是發現也是發明，這句話是什麼意思？當我還是個小孩子的時候，我們常會拿一張紙，然後用沾有檸檬汁的細毛筆在上面寫字，汁乾後，頁面看上去是一片空白，但是，當我們將紙張放在熱源上時，寫過的字會神奇地出現。

這些年來，寫作（在進展順利的情況下）讓我感覺到我選擇寫在紙上的話與現實生活是有交集的，但是這些話好像是隱

形的，直到有人真的把這些話表達出來以後，隱形的話語才會出現。當寫作進展得不順利時，情況恰好相反：我感覺自己在用文字迫使某事物成為現實世界，以「顯明」那些其實不存在的事物。仔細想想，也可能是因為我還沒能找到很有力量的文字，可以把現實呈現在紙上吧！

因此，當我的寫作不順利時（這其實很常發生），不論我寫的東西有多優美，我都要一次又一次的「概念式自殺」（conceptual suicide），我必須撕毀數小時、數天或甚至數週的成果，然後從頭來過。這時感覺自己好像回到小時候，拿著一張紙放在熱源上，但紙上隱藏的訊息卻沒有出現。

現實世界與文字之間的關係就好比婚姻，文字要能呈現出現實的本質，才會是一樁幸福的婚事。如果用錯了字，現實就無從呈現出來；然而，即便用對的字，現實也沒有辦法顯示不存在的事物。就像任何一樁婚姻一般，我們嘗試在「恰到好處的地方」取得平衡，如果我們不幸遠離了平衡點，就必須努力回去。

我不斷地改寫這件事就是我會遠離平衡點的證據，但是我願意時常「概念式自殺」，以使自己的話語能夠反映現實世界。

因此，我的作家和信徒這兩個平行旅程相互重疊。多年以來，新約聖經的一段話使我警醒：「我們有這寶貝放在瓦器裡，要顯明這莫大的能力是出於神，不是出於我們。」（哥林

多後書四章 7 節）

　　從信仰的角度來看，人類的寶物是上帝（如同哥林多後書四章 7 節之寶物）；從世俗的角度來看，人類的寶物是現實。所謂的瓦器可以指很多東西，其中之一即是我們傳達所知所信的東西時，我們所選用的字句。對我而言，這節經文的意思簡單，意義卻很深遠沉重，我體悟到，我們用來裝寶物所製造出來的任何瓦器，都是由凡間之物所製，不能恆久，且有瑕疵，而我們千萬不能將瓦器與寶物本身混為一談。

　　作家的工作和製作瓦器有點像，要找到適合的容器，來盛裝可以反映現實世界的道理。如果事實證明我們的容器過於狹窄，導致我們無法妥善保存那些寶物，也無法看見真理。或者，若因容器變形使得容器裡面裝的東西看起來很遜色，那麼我們應該要砸碎原本的容器，好好找一個新的，好讓我們可以把寶物妥適地裝起來，也讓寶物可以好好地流傳下去。

　　砸碎瓦器又稱作「破除偶像」（iconoclasm），如果在適當的時候這麼做，常常可以帶來許多好的影響。相反地，若在必要時未能如此行，就會淪為「偶像崇拜」（idolatry）。如果我們很認真地看待寫作和信仰，就必須要一次又一次地「概念式自殺」，因為我們那脆弱、狹隘、又帶有瑕疵的文字（好比瓦器一般），與寶物的廣大無邊是不相稱的。

　　當帶有任何一種文化背景的人堅信著只有自己的瓦器夠格盛裝寶物時，他就是在「偶像崇拜」，這個問題的嚴重性攸關生死。我敢說幾乎所有的宗教暴力都源自於「偶像崇拜」，你

可能會問：「為什麼他們要這麼做呢？」因為害怕，他們很怕寶物若從自己設下的牢籠中被釋放出來，他們就必須面對改變。

當然，人的力量豈能禁閉珍貴的寶物？但我們常常錯以為自己辦得到。我曾經聽過凱爾特基督教（Celtic Christianity）一個古老的故事，有一位教士去世後，被葬在修道院的石牆裡。三天後，他們聽到牆壁裡傳來聲音，於是他們移走了石頭，發現自己的弟兄奇蹟般地復活了！他們很訝異，並問他天堂是什麼樣子，他說：「其實呢，天堂根本就不像神學家們所說的那樣……」結果那些弟兄們二話不說，就又把他放回石牆裡，並把出口牢牢地封起來。

對我而言，找到信仰和寫作之間的平衡，一直以來都是一項大挑戰。要同時以崇敬的心情去看待盛裝寶物的容器，因為那容器給予我們機會去保護寶物、分享寶物，並將寶物傳遞給下一個世代。但是，如果那個容器不但沒能保護寶物，甚至會遮住寶物所透出來的光芒，那就表示這個容器應該隨著時間的洪流被淘汰，好讓新的容器來取代它。

倘若不這樣做，我們將虧待極其珍貴又不屬於我們的寶物。其實，不是寶物屬於我們，而是我們屬於它。如果否認或蔑視這個事實，是終極的不尊重，不僅無法帶來生命，卻將帶來死亡，無論是對個人而言、對宗教團體，甚至對全世界，都是如此。

我辦公桌上的公告板，貼著一張微微泛黃的紙卡，上面寫

著西班牙作家荷西・奧德嘉・賈塞特（José Ortega y Gasset）
的這句話：

> 書寫，不過是將筆滑過紙張的簡單動作，如果書寫
> 不會帶來有如鬥牛一般的高風險，而我們也不願意透過
> 寫作去觸碰那些危險、生猛、雙角尖刺的話題，那我們
> 為什麼還要寫作？[10]

　　同樣的道理，如果我們所想的上帝是如此渺小，會因為我
們的言語而侷限於文字所形容的樣子，那我們為什麼還要有信
仰呢？如果要從事寫作並活出信仰，我們必須讓「神」作
「神」──一個原始的、狂野的、自由的、生氣勃勃的、充滿
創造力的存在，祂絕無法受我們的思想或言行所侷限。我為此
感謝上帝！

| 未竟之詩 |

　　即使我們不說也不寫，我們的生命仍一路留下字句的蹤
跡。不論在家裡或工作場所、在朋友或陌生人身邊，或在公共
場合，我們的一舉一動奠定了接下來幾行的生命之書會怎麼
寫。

　　如何能將「創作生命」（composing a life）做到最好？那
是瑪麗・凱瑟琳・貝特森寫的一本書的書名，藉此，我知道有

人和我想著一樣的問題，在這件事上我並不孤單。[11] 威廉·華茲華斯（William Wordsworth）曾說，我們來到這個世界時「拖曳著榮耀的雲霧」。[12] 那麼當我們活在這個世界上時，在我們身後拖曳的是什麼樣的文字呢？那文字讀起來究竟是乏味還是平庸？冷漠還是不滿？恐懼還是憤怒？還是，讀起來遠比剛剛所說的那些都還要更好呢？

五十年前，在我二十多歲的時候，我迷失了方向，我想尋求指引，我想知道怎樣叫好好活出一生。我在亨利·梭羅（Henry David Thoreau）的書《河上一週》（*A Week on the Concord and Merrimack Rivers*）中，找到了如何用生命撰寫「更好的東西」的線索。

在一篇關於藝術生活的散文中，梭羅寫下這個簡潔又鏗鏘有力的對句，他沒有為這個對句作解釋或闡述，彷彿這個對句從他的腦中靈光乍現，而他必須趁它溜走之前捕捉住它：

> 我的生命是那首我欲寫卻未寫之詩
> 但是我無法同時活出它又寫出它。[13]

用生命所織就的文字，竟可以是一首詩！這樣的想法匠心獨運、別出心裁！如果你認為詩歌不過是華麗詞藻的組合，那麼你可能不會太欣賞這個想法，畢竟人生不是永遠都那麼華麗又美好。然而，詩人保羅·恩格爾（Paul Engle）曾說：「詩詞的思想猶如骨架，情感猶如神經與血管，將之圍繞，最後，

用像皮膚一般細膩而堅韌的文字，將它包覆完整。」[14] 羅伯特‧潘‧華倫（Robert Penn Warren）又說：「除了是為了理解自我所作的一次危險嘗試之外，一首詩還能是什麼呢：詩是自傳中最深層的部分。」[15] 絕佳的好詩正如骨頭一般藏在生命體的最深處。

梭羅聲稱我們的生命可以像一首詩歌，這個想法打中了我的心，我把青春生命的想像都寄託在這個想法上。隨著時間的流逝，這樣的概念開始揮之不去且似乎嘲諷著我。我感覺它是一個我始終沒能參透的祕密。因此，在七十多歲時，我試著寫一本名為《未竟之詩》的書，來探索這個祕密。

我重讀了梭羅的作品，收集了相關的引文和註腳、梭羅寫的大綱和草稿，以及他寫後又重寫的章節，並與我的朋友不斷討論，直到他們恨不得我快點想出新點子，或甚至恨不得我快點找到新朋友。經過大量的研究、思考，甚至寫作之後，我漸漸理解到，我沒有辦法寫一本關於這個主題的書。我放棄了這個計畫，而且感到有些氣餒，為我先前的準備也覺得心有不甘。

但其實，我們每天都在用生命來創造文字。只要繼續認真生活，文字就會隨之而來；只要認真傾聽生命要訴說的話，生命自然會不時地譜出美妙而令人驚豔的文字。

有一天清晨，當我坐下來寫作時，梭羅的對句已經無數次地回到我身邊——這就是癡迷運作的方式。三十分鐘後，草稿上已然浮現一首詩，又經過幾天的把玩修改後，我感覺我已經

盡我所能地接近「未竟之詩」的秘密。

梭羅的那段對句跟了我五十年，我才走到了這一步——我的成果不是一本厚厚的書，而是一首只有五節的詩，出自一位喜歡看生命化為文字、文字化為生命的業餘詩人之手。平均起來，這首詩每一節費時旬年。

然而呢，旅程本身即是目的地，而我從這趟旅程裡的每一步都學到了許多。有了這首詩，我真是鬆了口氣，終於可以釋懷那本我永遠無法完成的書、那本我以為我該完成的書。

·未竟之詩·

我的生命是那首我欲寫卻未寫之詩
但是我無法同時活出它又寫出它。

——亨利·梭羅

第一句話最難。
聲音縈繞於子宮四壁，
你出生時聲音越來越大。
你聽，因那日即將來到
那時你也必說出話來——
我們正是用這個方式來
穿越被稱作世界
這個不留蹤跡的地景。但要怎麼說？
說什麼呢？而說話

又有什麼作用呢？

後來，字句信手拈來。你學會
一種語言，讓你說出自己
想要或需要的，以幫助你找到
人生的途徑，
以表明自己的信念、
聯繫朋友、找到工作、
治癒你的傷口、減輕你的恐懼、
獲得機會去給予愛
和接受愛。有時候言語會從你身上跳出
讓你馬上後悔——
或者神奇地讓你輕聲
複誦，期盼自己不要忘記
文字可以是多麼地突如其來，
使你不得不
對它們吐納生命的氣息。

然後，你了解到第一句話並非
最難的。最難的是最後一句。

你想說的話太多了，
但是時間繼續流逝，
帶走你所有的話語。

在悲傷與感激的洪流中，要怎麼說
「謝謝！」或「多麼美麗，多麼
宏偉！」或「我不知道我怎麼倖存的」
或「自從咱倆攜手共進以後
我的生命從此改變了。」

當你到了說最後一句話的時候，
你意識到，就是這樣——這個叫做
你的生命的語言如潮汐退落，文字
的行蹤步入靜默，回返至
源頭——這正是那首未竟之詩
若不是因為這一生的歲月
所經歷的心痛與喜悅
你便早已完成這首欲寫卻未寫之詩。

——帕克·巴默爾

The Poem I Would Have Writ

My life has been the poem I would have writ
But I could not both live and utter it.

——Henry David Thoreau

The first words are the hardest.
Sound surrounds you in the womb,

grows louder when you're born.
You listen, for the day will come
when you must speak words, too —
that's how we make our way
thru this trackless landscape
called the world. But how?
And what to say? And what
does saying do?

Later, words come easily. You learn
to speak the language of what you
want and need, to help you find a
pathway into and through your life,
to make it clear what you believe,
reach out to friends, find work to do,
heal your wounds, ease your fears,
get chance on chance to give love
and receive. Sometimes words leap
out of you in ways you soon regret —
or in ways so magical you silently
rehearse them, hoping never to forget
how they came out of the blue,
demanding to have life

breathed into them by you.

Then you learn that first words aren't
the hardest. The hardest are the last.

There's so much you want to say,
but time keeps taking time and all your
words away. How to say — amid the
flood of grief and gratitude you feel —
"Thank you!," or "How beautiful, how
grand!," or "I don't know how I survived,"
or "I was changed forever the day
we two joined lives and hands."

As you reach for your last words,
you realize, this is it — this ebbing tide
of language called your life, words
trailing into silence, returning to
the source — this unfinished poem
you would have writ, had it not been
for the heartache and the joy
of all the years you've been living it.

—Parker J. Palmer

| 重新開始 |

不久前，我看了《曼哈頓練習曲》（*Begin Again*），這是一部由綺拉・奈特莉（Keira Knightley）和馬克・魯法洛（Mark Ruffalo）主演的電影，講述紐約下東區的愛情音樂劇。

1960 年代初，我二十二歲時，偶爾會去那附近晃晃，當時的我深受美國流行的文青、藝術家、哲學家影響。在紐約協和神學院學習傳道的我，覺得我學的神職知識和當時的環境有些格格不入。因此，在當時採取一個（該怎麼形容呢？）在哲學觀上退讓的姿態，似乎是比較保險的做法。我猜當時的我自以為喝著 espresso 和呼吸紐約東村的空氣，我就可以說自己是個存在主義者了，也藉此找到認同感吧。

《曼哈頓練習曲》這部片有多個原因讓我深有所感，尤其因為它讓我回想起二十出頭時的自己。但我要說的並不是電影評論或迷你回憶錄，我要說的是對電影片名的省思，以及這兩個字（begin again）如何幫助我「跳脫」。

我一直對很多事情感到困惑，包括如何應對世界不斷出現的苦難，例如，中東的持續屠殺、美國或甚至全世界無止盡的大規模殺戮事件、美國人基因裡不可改變的種族主義、我們對經濟的不公不義、對氣候變化的視而不見，以及國家所謂的政治「領導人」那樣口口聲聲說著上帝和禱告的重要，卻暗地裡

放任槍枝暴力和邪惡橫行。

身為作家，我最近遇到了不少瓶頸，我眼睜睜地看著一本書在我的電腦鍵盤中死去。原諒我在列出那麼多重要社會問題時，放入了一個如此瑣碎的個人問題，但我們都生活在自己的小世界與周圍大世界的交匯處，如果我們想為他人服務，我們必須同時參與自己的小世界，也參與周圍的大世界。寫作是我創造意義的主要方法之一，因此，身為作家遇到瓶頸這件事對我來說，是一個很令人煩惱的問題。

像大多數人一樣，我當然有其他方法可以做有意義的事。我可以和想探索問題或追求夢想的人坐著談話；我可以舉辦新的退修會，鼓勵大家在服務中學習；我可以持續協助我的孫女為無家可歸的人募款；我也可以在自己的家中幫忙，在被家人准許的情況下做一些不會越幫越忙或打破東西的工作。

即便如此，我還是會因為沒能寫出東西而感覺遇到瓶頸。朋友們都建議我把這段時間當作休耕期，說這是在我嘗試種植新作物之前讓土壤可以培育出更多養分的時期。休耕的那段時光的確有讓我覺得重新得力，但之後我感覺瓶頸讓自己停滯不前，不論是八十歲還是十八歲，停滯的感覺一點生命力也沒有。

在我看完《曼哈頓練習曲》後的第二天，這部電影的片名（原文 Begin Again，意為重新開始）指引了我，讓我意識到我應該要「重新開始」。所謂「重新開始」的意思不是放棄現在的作品然後重寫一本全新的書，而是從佛教所謂的「初心」

的概念出發。

　　這讓我想起了一首詩，現在讀起來，覺得這首詩好像是為了我而寫的，為了幫助我找到前進的方向。這首詩是由溫德爾‧貝里所寫，是作者向他的老朋友，同時也是著名詩人海登‧卡魯斯（Hayden Carruth）致敬，貝里寫這首詩時，剛好正值「事業起飛」之際，而卡魯斯當時已經八十多歲，這首詩是這樣寫的：

‧致海登‧卡魯斯‧

親愛的海登，當我讀你的書時，我感到疼痛，

我的頭部、背部、我的心和心靈，

我把你感受到的疼痛加到自己的疼痛上，因著喜歡

我不停地讀下去，迫不及待地

因你精湛的技藝、機智、悲傷和快樂，

每樣都使彼此成真。我讀完了，

我發誓我感覺好多了。在此皇家港口

我向遠在蒙恩斯維爾的你，致上崇高的敬意，

你的偉大，你的不可或缺。我發誓

對我而言，你是鳳毛鱗爪，

終將功成名就。我能

說什麼呢？在事業起飛之初向你致賀？

不。我在生命之初向你致賀，因我們

不是剛開始，就是死了。讓我們

沒有事業，免得有一天我們被發現死在其中。
我在生命之初向你致賀，因你
真誠的創作，一次又一次。

To Hayden Carruth

Dear Hayden, when I read your book I was aching

in head, back, heart, and mind, and aching

with your aches added to my own, and yet for joy

I read on without stopping, made eager

by your true mastery, wit, sorrow, and joy,

each made true by the others. My reading done,

I swear I am feeling better. Here in Port Royal

I take off my hat to you up there in Munnsville

in your great dignity of being necessary. I swear

it appears to me you're one of the rare fellows

who may finally amount to something. What shall

I say? I greet you at the beginning of a great career?

No. I greet you at the beginning, for we are

either beginning or we are dead. And let us have

no careers, lest one day we be found dead in them.

I greet you at the beginning that you have made

authentically in your art, again and again.[16]

　　為了不被困住，我必須放棄我已建立的寫作「事業」，重新開始，當一個新手。說真的，一天之中，每個新時刻我都是一個新手──每個時刻都會帶來未知和未被嘗試的各種可能性。為什麼不擁抱這個事實，看看會發生什麼事呢？正如禪宗大師鈴木俊隆（Shunryu Suzuki）所說：「初學者心中有很多可能性，專家心中則沒有多少可能性。」[17]

　　我怕你會問：重新開始，實際上是什麼意思？事實是，我一無所知──這可能證明了我確實在練習初學者的思維。如果我等待一個答案，那我就不會寫這篇小品文──寫出來也許可以幫助我脫困，作為一個人，一個作家，一個世界公民。在過去的幾天裡，單單只是淺嚐而已，已經讓我感到不再停滯不前，讓我變得更朝氣蓬勃。

　　當然，我最終寫成或做成的任何事情，都無法解決我之前提到的那些緊急的問題。但由於寫作是我與世界互動的主要方式之一，所以我寫的任何東西都會幫助我重新與世界建立連結，甚至可能使我朝著其他有用的方向發展。

　　我懷疑我是唯一覺得自己被困住的人。如果你也是，讓我們互相提醒，這個地球正呼喚著我們每一個人，要為世界的共同利益貢獻自己的天賦，無論你的天賦是什麼。讓我們以初學者的心，互相扶持，懷抱希望，重新開始。

· 世界再次新綠 ·

那棵樹從密實的樹幹上
突然長出葉子。
正如我緊繃的心，長出
意料之外的話語。

我認識那樹幹，那心木的核心，
又黑又密，就像我自己的一樣。
在此，我慶祝我們
可以告別密實
隨風起舞，歌頌太陽。

我們的話語，像樹葉，在春季冒發
隨後，在秋季落下，
但當它們出現時，它們證明了一種力量
溫柔征服一切。

當枯萎的落葉重返大地
滋養尚未萌芽的葉根，
乾枯的話語也落回心中，
分解成各種元素，
滋養那尚未被歌頌的世界之根。

當話語無法言喻時，黝黑的樹幹矗立著

直到最令人驚豔的春天

湧出那曾經說過的聲音

世界再次新綠。

——帕克・巴默爾

The World Once Green Again

That tree from its dense wooden trunk

surprises into leaf

as my tight-fibered heart leafs out

in unexpected speech.

I know that trunk, that heartwood core,

dark and dense, so like my own.

Yet here I celebrate that we

can take leave of our density

to dance the wind and sing the sun.

Our words, like leaves, in season spring

and then in season fall,

but at their rise they prove a power

that gentle conquers all.

As shriveled leaves return to earth

to nourish roots of leaves unsprung,

so dry words fall back to the heart

to decompose into their parts

and feed the roots of worlds unsung.

And when speech fails, the dark trunk stands

'til most surprising spring

wells up the voice that ever speaks

the world once green again.

——Parker J. Palmer

持續對外連結
與世界保持聯繫

Keep Reaching Out
Staying Engaged with the World

| 前言 |

　　1974 年，當我和家人移居到名為彭德爾山的貴格會（又稱教友派）生活學習型社區時，我對貴格會的信仰內容和其反映的生命體現了解有限。為了認識更多，我到費城歷史悠久的亞區街聚會所參加了貴格會舉行的大型年度聚會。

　　當我走進越來越多的人群時，我注意到有六名年長婦女在聊天，她們每個人都把自己的白髮包紮成小圓麵包狀，就像我祖母的頭髮一樣。我微笑著對自己說：「能重拾對祖母的回憶真是美好！我甚至可以聞到在她樸實的家中，由廚房飄出來的淡淡蘋果派香氣……」

　　當我正陶醉在回憶的遐想時，其中一位婦女突然直視著我、離開聊天人群並直接走向我，在毫無預警的情況下，她抓住了我的胳膊，彷彿不想讓我開溜，並說：「我剛從一個在德梅因（Des Moines，美國愛荷華州的首府）舉辦有關美洲原住民權益的會議中回來，我想與你分享我的收穫。」她鉅細靡遺地分享，彷彿想招募我也成為該計畫的成員。

　　當她達到與我分享的目的並離開後，我心裡想著：「她絕非做蘋果派的祖母類型！她是我年老時想要成為的那種人！」

　　以青年為導向的社會文化，經常會對長者們傳遞出令他們消沉或挫敗的訊息，例如：「當今世界瞬息萬變，是該放下認真參與各項事務的時候了，最好只從事沒有危險的興趣活動或

賦閒在家。」

這樣的訊息不失為一個好主意，但它有三個問題：(1)它會使長者失去活力、意義和目的；(2)它剝奪了長者造福世界的機會；(3)這很荒謬。

當我與那些將自己縮限在電視房、無健康問題卻限制自我行動的人相處時，他們給我的感覺有如行屍走肉，但當我與那些心智上能跨越障壁並與世界保持聯繫的長者們在一起時，即使他們不得不處於家中，我發現其生命力依然非常具有感染力。

我個人很幸運能夠繼續過著積極的生活，然而，本章中的短文並非想強調年長者必須要參與社區志工服務、遊行示威或去華盛頓特區遊說國會等，雖然上述活動我個人都很讚賞。這幾篇文章指出，透過發聲或意見表達，上述這些活動是人們得以和公眾生活保持互動的多元管道。如果你不喜歡撰寫文章或書籍表述意見，你也可以直接寫信給編輯，或投書當地媒體的論壇，或與家人和朋友談論那些對大家都很重要的議題。

「持續對外連結」代表我正在對世界說：「我仍是社會中的一份子，我有話要說，我想參與。」更重要的是，你必須認同並相信自己所說的這些話，直到這些信念刻劃在你的心版上。

本章的第一篇「憤怒的貴格會教友應做什麼？」（What's an Angry Quaker to Do?）文章中，我提到像我一樣期待生活在沒有暴力的環境中，並且渴望一個充滿愛、和平與正義的世

界，這樣的人是否可以有憤怒的情緒？我的結論是可以。本篇和本章其他篇內容都帶有我的政治信念。然而，請大家理解，我寫這些文章的目的並非想改變任何人的政治信念，而是要鼓勵你表達你自己的想法，因為這是民主國家公民的權利，也是責任。

「愛國者之魂」（The Soul of a Patriot）是我對於 2016 年 11 月 8 日美國總統當選人的回應。個人根據各方評估，該名當選人不論從道德上或智慧上來看，都不適宜擔任總統職務。更糟糕的是，他借用白人至上的力量擁有政權，對民主是個威脅。為了將我的憤怒和恐懼引導至具有創意的方向，我需要重新定義「愛國者」這一詞。

「讚揚多樣性」（In Praise of Diversity）闡述同質性對一個具有生產力、創造力、永續性和彈性的社會可能帶來的危險性。在美國未來全國人口的比率中，白人佔比將不到一半，不道德的政客為了獲取政權，操弄我們對「非白人」產生恐懼。然而，除非所有公民都能珍視我們彼此之間的不同，將分裂彼此的緊張局勢拉向新的視角，否則一切都屬徒然。

「尋求聖所」（Seeking Sanctuary）探討當我們所處的世界被扭曲不堪的政治所影響，以致身心健康必須付出代價時，我們如何可以找到所需的慰藉和支持。在歌手兼創作人凱莉‧紐康莫的協助下，我探索了聖所的各種形式，音樂本身就是其中的一種。

〈冬之森〉是處於破碎的世界中，對於美和恩典的沉思。

我們日常生活中的破碎，表面上雖常使我們陷入絕望，但我們能繼續探求碎片下的整全——找出已經存在但卻隱藏於所見之外更美好的事物。

│ 憤怒的貴格會教友應做什麼？│

> 回歸最純淨的人性吧，除此之外，無法
>
> 滋養被撕裂的靈魂、被迷惑的心，
>
> 憤怒的心靈：源自刻骨銘心的脅迫，
>
> 被苦痛的氣息刺穿，為愛發聲。
>
> ——梅・薩藤，〈桑托斯：新墨西哥〉（節選）[1]

我是貴格會教友，我支持重視社區共好、平等互惠、簡單樸實、不崇尚暴力的信仰傳統。結果，我發現自己常深陷泥淖，特別是在政治議題方面，有時會令我生氣以致產生情緒管理問題。幾年前，一個常與我討論政治的朋友給了我一件 T 恤，上面印著「凶巴巴的貴格會教友」（One Mean Quaker）的字樣。

憤怒的情緒對於追求非暴力者的生命是否有影響呢？無論是好的影響或壞的影響，都是我須面對的。以下是我表達對美國第四十五任總統的憤怒，他的性格缺陷不勝枚舉。這位仁兄有個驚人的天賦，就是拒絕承認他在影片上被捕捉到的內容，當影片被播出時會稱其為「假新聞」。正如一位記者所說，撒

謊已成為他擔任總統職位的「明確特徵」。[2]

　　如同在傷口上灑鹽，他的謊言甚至如武器般帶有殺傷力，使得外來移民父母和子女必須擔心家庭的破碎，也使穆斯林族群、猶太人、各類有色人種和各多元性別（LGBTQ）族群處於風險中，使礦工和在工廠長期工作的工人無力改變其社會地位。當我們無法信任我們的領導者或信任彼此時，民主制度的精神將消失殆盡。

　　所以，是的，當談到這位總統和其支持者時，我的確是一個憤怒的貴格會教友，因他們一直堅持認為國王穿著新衣，並責怪記者們為何不向全世界報導總統在他們眼中的美好。

　　有些時候，當我面對一群視憤怒為精神缺陷且應被挪除的人時，我心中確實會受到挑戰，但我冀求自己能與之不同的原因如下：

- 當某些事情在道德上站不住腳時，忽略它們也是不道德的。如果我對政府大肆散布的謊言及其所鼓勵的暴行不會感到憤怒，我擔心自己也像他們一樣變得毫無原則。

- 原諒是憤怒的解藥，這點我非常同意，我也相信安妮・拉莫特（Anne Lamott）所說：「無法原諒如同喝了老鼠藥，並且等著老鼠身亡。」[3] 但我發現，我無法無限度地給予他人原諒，特別是對那些長期行惡且不尋求寬恕的人。有時候，我必須將寬恕的權柄交給那至聖者，就像艾麗絲・德曼特（Iris DeMent）在她西部鄉村悲歌中所寫的：「上帝會原諒

你，但我不會。耶穌愛你，而我不愛。」[4]

• 我知道，憤怒可能會危害到正在生氣的人，以及他或她周圍的人們。但我也知道，比起非暴力表達的憤怒，被虔誠掩蓋之怒氣的威脅性其實更高。壓抑自我的憤怒等同於將武器瞄準自己，其危險性遲早也會傷害他人。但是，若能駕馭憤怒並將之轉為能量，成為造就新生命的社會行為，卻能成為多人的救贖。

在我被「靈命正確」的人（其實我發現他們比「政治正確」的人更具攻擊性）譴責之前，我想強調，我的憤怒是針對美國第四十五任總統，而非那些投票支持他的人。對我來說，這是一個很大的轉變，是自 2016 年選舉日以來我的內心一直在做的功課，當時我對他的所有支持者及相關人士都感到憤怒。

姑且不論那些不值得我一談的人，如：反猶太人者、白人至上主義者和不懂「知足」意涵的富裕逃稅者，我了解到許多人之所以投票支持這位總統，多半與他們面臨的經濟挑戰有關，特別是這幾十年來，美國兩個主要政黨的主政者都鮮少能為這些人提供助益。

詩人梅・薩藤（May Sarton）的話幫助我啟動了對這些同胞的同理心。她的詩〈桑托斯：新墨西哥〉（Santos: New Mexico）第一段曾出現在本章的開頭，以下為該首詩的最後一段，她描述了一種昇華的機制，得以將憤怒從致命的毀滅力轉

化為新生的力量：

> 回歸最純淨的人性吧，除此之外，無法
> 教導憤怒的靈魂、被迷惑的心，
> 被撕裂的心靈，接納脅迫的全部，
> 被苦痛刺穿，至終仍願為愛而行。[5]

　　當我們試圖將憤怒轉化為愛的行動時，「回歸最純淨的人性」代表什麼意思呢？對我來說，這意味著要回到我自己的生命故事中，去連結那些在政治上與我意見相左者的生命故事。

　　我是一個率直、經濟穩健、從美國繁榮中受益的男性白人。在上屆選舉中，我不需要將財務因素納入我投票時的考量。在我的教育歷程中，有足夠的時間培養閱讀各種新聞來源的志趣，使我不致被各類假新聞、似是而非的事實和錯誤推理所影響。幾十年來，我一直受到我所關愛及敬重之各族群同事與朋友們的祝福。而那些缺乏多元經驗的選民們，他們對「其他人種」的恐懼，不曾影響我的投票傾向。

　　然而，若我無法體會到自己的人生歷練已足以提供我充分的理由和部分的技能，得以去理解其他在生活上和政治上與我截然不同的人，那麼我其實與現任的領導人一樣的愚鈍和無情。

　　梅‧薩藤的「至終仍願為愛而行」（at last act for love）是什麼意思呢？對我而言，這至少意味著：我願意為社區和公

民話語權加倍努力，也希望能駕馭憤怒產生的能量，並將其化為行動，來促使人民在利他奉獻的生活中彼此相遇。如果「人民作主」（We the People）在現實社會中持續將自己淡化於迷霧和虛幻中，我們所擁有的民主終將蕩然無存。

因此，我將持續推動我於 2011 年提出的方案，那年我也出版了《民主，心碎的政治？》這本書。該方案的其中一環，乃欲協助所有人，包括我自己，有能力去抗拒「分化及戰勝」（divide and conquer）策略，避免其侵蝕現狀及「人民作主」的民主精神。[6] 這項方案的努力，希望能造就公民話語權，以跨越政治鴻溝的互動，來重視、了解各方不同的觀點，而非道聽塗說。

只有透過開誠布公地討論大家的異同，我們才能實現憲法架構下賦予政府的第一個功能，亦即將「衝突」視為**推動更佳社會秩序的源頭，而非破壞良好社會秩序的敵人**。這項努力不必透過大型的公共論壇，並可以（且應該）在較小的場域中進行，如家庭、朋友、鄰居、會眾間。

為誠實起見，我想繼續探討本文開始時提出的問題：「憤怒的情緒對於追求非暴力者的生命是否有影響呢？」若我憤怒的源頭不明，或不具有價值性及目的性，也無法產生奉獻生命的作為的話，我寧可讓自己保持警醒，不讓憤怒影響。

當我這樣做時，我從聖經詩篇第五十八篇獲得慰藉。這裡記載著，有位聖者含怒向上帝訴願，求神能「敲碎他們口中的牙」（詩篇五十八篇 6 節），因他們滿口都是邪惡的謊言。詩

篇作者不建議採取這類直接的報復行動,我也不建議這樣做。這種徹底的口腔外科手術,應該交託給有真正權柄的全能神。

但是,如果上述詩篇的訴願內容今日被批准,我可以想像至少應有兩項正面的結果:第一,有鑑於此時說話很痛苦,謊言將會暫時停止流傳,這樣其實很公平,因為聽謊言也很痛苦。第二,我們或許有機會擁有覆蓋範圍更廣的全國性健保,包括更好的牙齒醫療理賠。

靈性與憤怒(及幽默)不一定相互矛盾,或者說在我繼續跌跌撞撞地生活時,對那個「凶巴巴的貴格會教友」的我來說,確實是這樣。我很清楚知道,不久之後,我很可能會發現自己又深陷在桂格(貴格)麥片之中。

│ 愛國者之魂 │

當我第一次聽聞「靈魂」時,年紀還很小。多年以來,我一直將它視為我內心輕聲呼喚良知的小精靈,深具善意,但對生活中艱鉅的挑戰卻過於軟弱。然後,在我四十多歲的時候,我第一次經歷了憂鬱症,此症一部分來自於遺傳,另一部分是因為我做了一些錯誤的抉擇。

當我潛伏於黑暗又漫長的憂鬱症歲月中,我曾依靠的能力——智力、情感、自我和意志——都被證明是無用的。我的思想成為我的敵人,我的情緒變得麻木,我的自我意識被消滅,我的意志力降為零。在生活的重壓下,我平常的支柱全都

崩塌了。

但是，我仍會不時地感到原始自我的存在，它知道如何在艱難時期中堅持下去，扎根的堅毅生命力成為「靈魂音樂」。當我的各項能力在流失時，原始自我的核心像野生動物一樣精明狡黠地幫助我存活下來，並進而茁壯。我不熟悉該原始荒野的運作，但我知道它不懼怕黑暗，熱愛生命和光明。它能告訴我們關乎自己的真相，包括為何迷失以及如何找到回家的路。

最近，我再次迷失在黑暗中。這次是一種超乎個人且帶有政治性的黑暗，是我們**所有人**所共同創造的黑暗。其中包括像我這樣過於自信的人，認為自己對許多事情都知之甚明，且不願意跨越自我文化的舒適圈，向外觀看、聆聽、學習。

2017 年 1 月 20 日，我所愛國家的總統就職，該名總統體現了我們文化中許多最無情的特質，包括：不成熟的衝動、盲目追求財富和權力、喜愛暴力、超乎尋常的自戀和自大。這個人曾詆毀女性、墨西哥人、穆斯林、非裔美國人、移民人士、多元性別族群、身心障礙者和地球環境，但卻不願意為其明顯不當的行為道歉，如今還被推舉成為「自由世界的領袖」。

當我的國家受到自己邀請來的敵人攻擊時，我如何持續保有關切國事的心？我將這個問題提交給我的靈魂，得到的是一個令人不安的回覆。我被呼召成為一位「愛國者」，這是我幾年前就廢棄的字彙，因為當時「上帝、槍枝、膽量、榮耀」那一黨人也自稱為愛國者。

而後，一位牧師也是民權運動領袖威廉・斯隆・科芬

（William Sloane Coffin）對愛國主義作了簡潔有力的論述，他的寫作總是忠於他的靈魂，也促使我重新為愛國者這一詞進行解讀：

> 愛國者分三種，其中兩種差強人意，但有一類是優質的。差強人意的兩種包括了從不給予批評的愛人者（uncritical lovers）和心中無愛的批評者（loveless critics）。優質的愛國者則會與國家產生情人之爭（lover's quarrel），正如同上帝與世俗世界的情人之爭。[7]

當強烈的愛喚醒靈魂時，與我的國家有「情人之爭」在現階段代表什麼意涵呢？我針對該問題提出四個回應如下。

首先，它必須是關乎事實與非事實之間的爭論。茲列舉三項美國第四十五任總統支持者宣稱真相禁得起檢驗的例子：

> 沒有這樣的事情……事實就是如此。
> ——斯科蒂·內爾·休斯（Scottie Nell Hughes）[8]

> 你們〔指新聞工作者〕只從字面解讀所有事情。美國人民……〔理解〕有時〔例如在酒吧裡〕你會說些〔沒有〕事實印證的事。
> ——柯瑞·李旺多斯基（Corey Lewandowski）[9]

你們〔指記者〕總是想套他口中的話。

——凱莉安・康威（Kellyanne Conway）[10]

我們總是相信應該可以弄清楚別人說出來的話是對的或錯的，辨別出自總統口中的話是否屬實，更是重要。

舉例來說，這位宣稱只有他能挽救我們經濟的總統，同時也聲稱：「有九千六百萬民眾……想要一份工作卻無法得到。」這樣的說法並非事實，較正確的說法應是：「大約有九千六百萬人不在勞動市場裡，包括：退休人員、學生和其他〔無意願找工作〕的人。他們當中只有五百五十萬正在找尋工作。」[11] 在這個人入主白宮前，由於 2008 年的金融危機使 2010 年的失業率接近 10%，但在 2016 年已降至 5%或以下，部分成就其實是他就任前的政策成果。[12]

事實太繁瑣乏味，不是嗎？事實也無法改變那些信徒的想法。但如同中世紀的修道院在火炬抵達城鎮時仍奮力保存書籍一般，事實也需要我們加以保存。我們應當記住，科學和啟蒙運動提供了方法，讓我們得以檢驗高權和主教的主張，也為我們的民主運作奠定了基礎。在有人炸毀實驗室之前，我們必須將事實顯明出來，將事實保存於防火庫中，直到下一次需要它們為止，或許今天下午就用得上了。

第二，我們必須在不損害我們信念的前提下進行跨政治分歧的公民討論。迄今為止，這是一項令人生畏的工作，且它日漸艱鉅，而我們並不擅長這項工作。但不可諱言：若要彼此順

利進行對話，參與者們必須至少有一些共同點。

　　我相信我們有各式各樣的共同利益。我們呼吸相同的空氣，使用相同的道路和橋梁，依賴相同的機構，並且必須為我們的子孫後代找到和睦相處的方式。但是對於這些顯而易見的事情的呼籲，卻還是無法使我們凝聚起來。我將希望寄託於我們之間尚未達成、但我相信最終仍會成就的互惠共享。

　　我們的第四十五任總統有長期未提公事包上班工作的歷史，[13] 一些幫助他上任的人遲早會意識到，他不會為他們實現目標，不論是因為他從未打算這樣做，或因為他缺乏這樣做的政治能力。

　　到那時，他 2016 年的政治對手們或許會找到一些共同點，甚而可能組成「幻滅者聯盟」。我對把這個人帶到白宮的空殼遊戲感到失望。雖然他曾許諾要恢復失去的工作機會，重現中產階級的地位，恢復法律和秩序，消滅 ISIS（伊斯蘭國），並在華盛頓「抽乾沼澤」（drain the swamp）*，支持他的人最終可能會對他失望。

　　當「我們也有這樣的感受」的共同點使對話成為可能時，這將使我這類的人有機會去做過去無法做的事情，包括：以同情心去傾聽那些在不知情下投票給總統的支持者，我們將能更

---

*　譯註：2016 年 10 月，川普宣布「是抽乾華盛頓沼澤的時候了」。他承諾設立一項五年禁令，以防止行政部門官員在離職後對政府決策進行干預和遊說。該論點被擴大為政治口號，並被解讀為川普對現存政治體系的挑戰（資料來源：紐約時報中文網，https://cn.nytimes.com/world/20161129/tc28wod-swamp/zh-hant/）。

了解他們的失落感，因為我們也感到失落。

第三，尚未被說出的真相應於「情人之爭」浮出檯面。這是一種「在愛中說誠實話」的作為，不論是公民與他人的正常關係，或個人與親友的親密關係中皆同樣重要。

在很多有關「為什麼選舉結果會是如此」的討論中，我們還沒有充分討論這樣一個事實，亦即，到本世紀中葉將會有一半以上的美國公民是有色人種。[14] 在美國建國兩百五十年之後，以歐洲白人為主體的狀態會開始走向終結。白人選票是2016 年選舉的關鍵，這不是巧合，也非僅是白人民族主義者和白人至上主義者對獲勝者旗幟的熱情而已。

我們要不就是經歷白人至上文化陣亡的痛，要不就是重啟未完成的內戰。無論哪種方式，關心美國命運的每一位都必須努力，使面對無盼望的氣力能被導向賦予生命活力的未來。

最後，如果這將成為「情人之爭」，我們需要保有愛情的生命力。矛盾的是，這意味著要記住我們所愛的國家永遠尚未達成原屬於自身的價值觀和理想。只有當我不那麼對一個人產生浪漫情懷時，我才能真正去愛，愛我的國家也是如此。

下次若你又聽到，我們必須「讓美國再次偉大」時，不妨回想一下：奴隸制度、內戰、吉姆・克勞法（Jim Crow laws）*、現代版吉姆・克勞（The New Jim Crow）、經濟大蕭條、越戰、喬・麥卡錫（Joe McCarthy）、伊拉克、無家可歸

---

* 　譯註：1876 年至 1965 年間，美國南部各州及邊境對有色人種實行種族隔離制度的法律。

和飢餓的遊民、貪婪所導致的 2008 年金融危機，甚至更多更多，然後自問：「我們是在談論哪個時期的偉大美國？」請留意美國人是如何將自己視為「在山巔上的一座璀璨之城」*來產生強化自我的錯覺。

這類「總統上任後其言必真」及其道德上的形變，並不是什麼新鮮事。[15] 我所愛的國家一直存有缺陷，如同其他所有的人類構造和所有的人類一樣。這也是為什麼，我們不完美的建國者，以持續追求「更完美的聯邦」作為美國發展核心的原因。

2017 年 1 月 20 日不是美國「崩潰」的時候。在悠久歷史中，這只是我們經歷並曾克服過的另一事件。如果我們盡自己所能地熱愛民主，我們就可以再次克服困難。

我並未觀看 2017 年的總統就職典禮。當日我像許多奉獻自我參與療癒行程的美國人一樣，在週末協助帶領一個醫院牧師的退修會。當我所愛的國家正為一位一點兒都不像「人性中之良善天使」的人舉辦就職典禮的那一刻，我默念了一句自上小學以來就熟悉的話：「你不是我的老闆（You're not the boss of me）。」

這句話提醒著我，在我擁有諸多不可受剝奪的權利中，是自由（而非領導人）與我的靈魂連結，並為共同利益奉獻，也鼓勵我以愛國者的身分，持續與我所愛的國家進行情人之爭。

---

* 譯註：a shining city upon a hill，源自聖經中的登山寶訓，現為美國政治常用語。意指美國的存在有如燈塔，為全世界嚮往的希望之地。

│讚揚多樣性│

沙特（Jean-Paul Sartre）曾有句名言：「他人即地獄（Hell is other people）。」我很想了解沙特在寫這句話之前正在做些什麼？在忍受以吹噓為主的商務午餐？在聽雇主一手安排的講員給予的勵志演講？或正在參加雞尾酒會？或無時無刻都這麼想？如果是這樣，我感受到他的痛苦。

但概括地說，沙特對地獄的定義，對我來說過於遙不可及。我的地獄更具體，這個地方完全由五十多歲的白人男性組成，他們皆有大學以上學歷，並且財務穩健，也就是像我這樣的人。對我來說，生活中的多樣性絕不是調味功能而已，遠比調味更重要，這是生活要完整、健康的基本要素。

當對「異己」的恐懼驅使著大多數美國人的生活，亦即生活建構在對「過去美好時光」的不當懷舊上、卻又強調「我們都一樣」時，我們或可試問一下，在沒有多樣性的情況下，我們要如何自處？如果我們所有的同伴都來自與我們相似的背景，對於生活的看法也與我們大同小異，我們需付出什麼代價？

當我拜訪一位住在明尼蘇達州農村的朋友時，我了解到，大自然可以幫助我們回答這個問題。我們沿著偏僻的道路開車，經過一排排一英畝的玉米田，整齊、均勻、令人心智無感的田間，當我們登上山頂時，我的朋友打破了沉默，說：「四

處看看吧。」

那個所謂的商業農場就像漂浮在海洋中的島嶼，充滿輕風吹拂的草地和野花，顏色繽紛、質地細緻，悅人眼目。我們默默地走過我朋友投入重建的那片大草原，上面點綴著各種等待被發現、名字如詩般美麗的植物，如：四時花、柳穿魚草、三花水楊梅、紫雲杜鵑。過了一會兒，我的朋友再次說話，內容大致如下：

> 草原上有一百五十多種植物，它們吸引無數的昆蟲、鳥類和哺乳動物，如同拓荒者當年除草耕種一般。當然，它很漂亮，但這不是全部。生物多樣性使生態系統更具創造力、生產力，對變化更具適應能力，面對壓力更有復原力。商業農場周圍的土地為我們提供了食物和燃料，但我們為此種單一作物付出了極高的代價，它不但削弱了地球的生命力，也使食物供應的質量和永續性處於危險之中。草原的經歷可教導我們如何生活。

在我看來，生物多樣性和社會多樣性之間的相似處非常明顯且吸引人。以下為其中的一部分：

*1. 多樣性可使我們的生命更加有活力。*經常經歷不同的人事物，不僅可減緩來自相同人群無止境循環同一想法的沉悶感，也可降低你對「其他不同類人」的恐懼，這樣的恐懼會使

我們無法在地球上有家的感覺，從而削弱了我們生命的活力。

　　將自我封閉在排除多樣性社區生活的人，通常會越來越偏執，甚至有意無意間會傷到別人。但日常生活中有「陌生人陪伴」經驗的人會有不同的感受。若能悉心查看，很明顯地，這些長相或說話不像我們的人，非但沒有尖銳的角，有些人甚至有溫暖的光環。

　　我二十多歲的時候，在一個遠方的州度假，當時我在樹林裡徒步旅行，其他家人在州立公園裡享受沙灘時光。一個小時後，我無望地迷失在森林中且感到恐慌，擔心即將下山的夕陽，擔憂家人的安危。

　　我跌跌撞撞地走進森林邊緣的一個小社區，開始敲門。我的恐懼和我喘不過氣來的求助聲讓我四次被拒之門外。當我敲第五扇門時，有位紳士對我說：「進我的卡車吧，我可以在五分鐘內載你到海灘。」這位好撒馬利亞人是黑人，其他則是白人。

　　只有上面這個故事，雖無法作為社會學的基底，但我已見識過類似模式一次又一次地重現。它不是受遺傳學的影響，而是受社會經驗所驅動。那些拒絕我的白人們，可能從來沒有迷路過或害怕過，也沒有很怕迷路的人。但在有奴隸制度、吉姆・克勞、「日落城鎮」（sundown towns）[16] 歷史的美國，有色人種早就了解到迷失和恐懼的感受，以致他們更懂得同情他人。

　　2. **多樣性使我們更聰明、更有創造力。**來自不同背景的

人知曉不同的事物，並且用不同的方式來解釋他們所知的。當我們在一起進行「差異對話」時，集體變得比其中的任何個人都更加聰明。從實踐中解決問題，到科學探究，再到對永恆奧秘的推測，這項原則都適用：集體比我們當中的任何一個人都要聰明。你可以問問任何一位高科技公司的執行長，他們公司的創意團隊看來其實就如同聯合國一般的多元。

同質性會使我們變得呆板，甚至引我們陷入困境。比方說，在我們對墨西哥人了解甚少的情況下，我們卻因第四十五任總統的說法，使我們相信他們其中許多人都是毒販、強姦犯和各式各樣的「壞傢伙」。[17]

最近，因這類愚蠢的後果，給美國人上了一課。2017 年 2 月 9 日，美國中西部小鎮一家墨西哥餐館裡一位備受喜愛的經理卡洛斯（Carlos），在沒有事先通知的情況下，被美國政府拘留後便被帶離開他的家人和社區。當月下旬，一位原本支持移民無合法證件應驅逐出境的居民，說出了許多人的心聲：

或許所有個案都應根據具體情況而定，不是每件事情都非黑即白，因為可能會有像卡洛斯這樣的人。[18]

的確沒錯，然而，如果這位先生和他的同胞們認識夠多的墨西哥人，或者有足夠的道德想像力，能在卡洛斯被驅逐出境、家庭受破壞之前，盡量弄清楚這位在社區中居住十年以上的模範居民，和這整個「黑與白」的議題，這不是更敏銳成熟

的作法嗎？

3. **多樣性使我們有機會強化個人的適應力**，且上帝知道現今我們當中有些人特別需要它。許多人仍會被《每日秀》（*The Daily Show*）中的喬恩・史都華（Jon Stewart）的台詞逗笑，我也是其中之一。喬恩・史都華針對進入政府團隊僅十一天就有官員離職的事件說道：「總統職位應該使總統變老，而不是社會大眾。」[19]

在 2017 年總統就職典禮後的幾個痛苦月份裡，我感覺自己更像瑪土撒拉（聖經中非常長壽的人），而不是一個相對健康的七旬老人。「真要如此嗎？」我想。「這是我每天外出時的調性嗎？我每天要因尊嚴、體面、民主和真理本身的攻擊而使自己士氣低落，讓我以身為美國人為恥嗎？」

我與一些朋友交談後，開始恢復了我的復原力。世代以來，這些朋友們從出生便成為被攻擊的目標，但他們一直拒絕被恐嚇。

我的穆斯林、墨西哥和非裔美國人的弟兄姊妹們發展了一種修練靈命的方法，所有人皆可實施。它把邪惡政治的糟粕變為行動政治的黃金，興起我們得以成為一直關心並投入公共事務的公民。這復原力來自於看到我所關心的人，他們的靈魂預備接受下一次的攻擊。這樣的攻擊不但不會讓他們放棄，反而成為其加倍努力的理由。

4. **多樣性增加我們享受人類喜劇所帶來的好處**。跨文化的誤解並不總是會造成破壞，其中一些甚至可帶來治癒，並賦

予生命幽默感。

我曾經在一個猶太社區中心演講，社區中心建在一個美麗的花園裡，該花園的設立是紀念在大屠殺中被謀殺的猶太人。在那裡安靜地坐了半個小時之後，我會見社區中心主任並告訴他，見證猶太人民的苦難和復原力，帶給我極大的衝擊與感動。

他告訴我，該中心也試圖見證不同信仰關係的重要性，因此，他們會僱用不同宗教信仰的工作人員。然後他說：

有時，這會帶來一些歡笑和溫馨的時刻。我們最近聘請了一位非猶太人作為我們的前台接待員。我們告訴她，接聽電話時，我們要說：「猶太社區中心——Shalom（猶太人問候平安之意）。」當她接第一個電話時，我碰巧在辦公室裡並聽到她說：「猶太社區中心——Shazam（變魔術的用語）！」

諸如此類的故事所帶來的善意使我更加充滿盼望，相信當危難的時日出現時，我們得以透過全備的人性來維護多樣性。

我最近聽到一段對帕特・布坎南（Pat Buchanan）的採訪內容。他曾是一位重要的政治人物，一直渴望讓美國回到白人、歐洲、基督教文化主導的時代。當然，他對現任政府推進議程的「成功」感到欣喜，但對我們第四十五任總統的個人缺陷和一系列政治失誤卻沒有太多意見。

當主持人訪問他時問道：「為什麼多樣性對這個國家來說

是個問題？」這位對三屆總統競選曾表示興趣的人說：「嗯，也許是偏愛吧。我是一個在家鄉中長大的男孩，會對跟我一起長大的人感到更加自在。」[20]

此時你應已掌握了一些「讓美國再次偉大」高調言論背後的個人真相。帕特・布坎南和他的政治夥伴，希望這個國家能以「種族主義和排外心理」為他們提供同質性高的舒適圈。

布坎南先生已是我這個年齡的人了，再加上我已經認識夠多像他這樣僵化又懼怕的年老白人，所以我對他沒有感到絲毫的同情。但各位也該醒醒了吧，因為到了本世紀中葉，歐裔白人總數將會不到美國總人口的一半。[21]

我奉勸那些仍堅持「過去美好年代」夢想的人睡個長覺並繼續做夢吧。我們其他人將保持清醒，準備接生美國的重生，希望這一刻我們國家的短暫暈眩現象，僅是美國即將改變的懷孕症狀。

只要精心照料，美國就可以像我朋友向我展示的那片草原一樣，經過細心修復，具有豐富的生命、活力、創造力、復原力，和心靈得到慰藉的紋理與色彩。每當我憶起那片草原，或親身步入時，我的心就得到更新，我的心被延展，我的精神會煥發，在這個美好的地球上，我再次感到賓至如歸。

| 尋求聖所 |

當我還是孩子的時候，「聖所」對我的意義是一個大房

間，裡面有彩色玻璃窗和硬木板凳，我的家人每個星期天都在那裡作禮拜。在我的家庭中，到教會作禮拜是必需的，所以我學會了在聖所祈禱——祈禱崇拜能結束，上帝讓我們離開。我還了解到，無論多麼認真，並非所有的禱告都能得到回應。

如今，在這個既美麗又可怕的世界中生活了八十多年後，「聖所」對我來說就像呼吸一樣重要。有時，我會在教堂、修道院和其他被正式稱為「神聖」的地方發現聖所。但是我更常在對我的靈魂具有神聖性的地方找著它：在自然界中，在忠實朋友的陪伴下，在孤獨或共享的寂靜中，在優美詩歌或音樂的氛圍中。

聖所是找回自我定位、恢復靈命、治癒傷口的安全處所，讓我能以傷後療癒者的身分重回世界。這不僅是在風暴中尋找避風港，更是讓我精神得以存活並能繼續前行的源頭。今天，對我來說，尋求聖所的重要性，已遠超乎小時候參加教堂禮拜。

我們生活在一種暴力文化中。在迷戀槍枝的美國，即使我們不見得每天都有遭逢身體傷害或死亡的危險，我們的文化也以叫囂、瘋狂、消費主義、部族主義、恐同症、厭女症、種族主義等，無情地攻擊我們的靈魂。對這些攻擊變得不再敏銳其實很正常，為了過我們的日常生活，我們將上述攻擊正常化，並開始無視於我們對聖所的需要。然而，我們有時仍會太過敏感於一些威脅我們靈性的事物。

就是這樣的事物引發了我三次的憂鬱症。曾經有一段很長

的時間，我一直待在密閉房間裡的幽暗處。當一位朋友告訴我
應該更多出去走走時，我說：「我不能，我感覺整個世界就像
充滿刀子一樣。」

在我脆弱的精神狀態下，即使是偶然的相遇也讓我感覺到
危險，偶爾無意間聽到當日新聞也會使我感到完全不適合活在
這個世界上。我誇大了生活的危險，卻低估了自己的韌性。回
想我過去心中那個充滿著鋒利刀刃的世界，現在的暴力文化，
讓人更容易死於千刀萬剮。

如何應對文化上的暴力，人們有不同的方式。有些人轉向
逃避主義，例如，擁抱與世隔絕的宗教信仰或政治理念。但這
總不免會導致孤立感的深化，形成一種被攻擊的心態，並會產
生偏執感，恐懼「那些人」或「政府」正試圖控制我們、破壞
我們的生活。最近，這樣的現象常常發生。

有些人會在美國政治圈尋求展現自我，尋求財富、權力或
臭名，助長了世界的暴力。儘管華茲華斯在兩百年前已提出下
面著名的警告，但仍有許多這類的事依然在我們周圍發生：

> 世界對我們來說太豐盛了；遲早，
> 不斷地強取豪奪下，我們虛耗了力量：
> 自然界中眼目所見的，其實很少是屬於我們的，
> 我們把自己的心送走了，一個不潔的心！[22]

也有些人試圖恢復我們文化的理智層面，使世界變得更美

好。即或如此，他們也陷入了其意圖改變之文化的暴力中：我們活在文化中，文化也活在我們裡面。引用托馬斯・默頓的話：

> 當代暴力對理想主義者有種普遍的形式……其中最容易屈服的是：行動主義和超時工作。現代生活的奔忙與壓力在先天上是一種形式，也許是最常見的形式。讓自己被眾多相互衝突的事物淹沒，以致忘形，屈服於太多的需求，從事太多項目的工作，想要在每件事情上幫助每一個人，都屬屈服於暴力，尤有甚者，是與暴力結盟。行動派人士若過於瘋狂，他所做的一切將變為徒然……因為內在智慧的根源若被消除，它也會摧毀工作的成果。[23]

默頓指出了人們最迫切的需求之一：保護和培育「內在智慧的根源」（root of inner wisdom），好使工作和生活有果效。當主根有了靈性的餵養，我們既不需要逃離世界也不必剝削它；相反地，我們可以愛世界，盡人性最大的可能，即使世界（和我們）都有缺陷。

只有知道在何時與何地尋求聖所，我們才能重整靈魂，以愛世界為目標。當付出是從滋養人內在智慧的根源中湧現出來時，才不會被行動主義和超時工作的暴力所扭曲。一旦我們可以理解這一點，我們便可朝著非暴力的核心邁進。當我們專心

如此行,就有機會超越和改變我們文化的暴力。

2011 年 3 月,我參加了由眾議員約翰・劉易斯（John Lewis）所帶領為期三天的年度國會民權朝聖之旅。[24] 回想當時,第一天,我們參觀了阿拉巴馬州伯明罕市裡數個民主運動地點;第二天,在蒙哥馬利;第三天,即「血腥星期天」四十六週年紀念日,我們與約翰・劉易斯遊行走過塞爾瑪市（Selma）的埃德蒙・佩特斯橋（Edmund Pettus Bridge）,如同他當年（也就是 1965 年）二十五歲時一樣。[25]

在那次朝聖之旅中,有兩件重新回顧的歷史讓我感到震驚。第一,事實顯示出有如此多的年輕人受過良好的非暴力教導,以至於他們能夠承受維護「公共安全」警備人員的猛烈襲擊而不反擊。透過拒絕屈服於我們文化的暴力,他們將一場本來可以形成武裝戰爭的鬥爭,轉化為改變人心和法律的道德見證。

第二,事實也顯示,經過了好幾個世代的非裔美國人為民主運動埋下了種子,在二十世紀中葉逐漸開枝散葉,多數民主運動場域都成了神聖的場所,就像我小時候去過的聖所。其中,塞爾瑪市的布朗教堂非裔衛理聖公會教堂（Brown Chapel AME Church）令我特別感動。[26] 那是和平抗議者預備第一場遊行之處,要跨越埃德蒙・佩特斯橋,也是抗議者後來在橋的另一側流血受傷後,尋求庇護的地點。

作為一個渴望非暴力生活的人——但也知道自己其實很有限——我知道如果我想鬆開文化上的暴力對我的束縛,我需要

有能庇護我的聖所。我也知道有很多類似布朗教堂的地方，但我需要的不必是一棟建築物，而是靜默沉思、山林間、友誼、一首詩，或一首歌。

在撰寫這篇文章時，我與我的好友兼同事凱莉・紐康莫有一段很長的交談。幾週後，她寄來一首歌〈聖所〉（Sanctuary），是受我們談話內容所啟發而寫的一首歌，這首歌本身已成為我的庇護所，願它也能成為你的。[*]

・冬之森・

莊嚴河道旁的冬之森
有兩次被看見——
一次是它們刺穿冷冽的空氣，
另一次是它們在溪底優雅舞蹈。

這些林木粗糙又原始，矗立空中，
樹枝的角度如創意鮮明的設計——
在河水微光中不斷輝映閃爍，
又像在夢中斷斷續續，
隱晦卻更真實，
超越了眼見的僵直及寒冷。

---

[*] 凱莉・紐康莫所寫的歌曲〈聖所〉，可免費到下列網址下載：Newcomer-Palmer.com/home。

我們眼見的靜謐是莊嚴的溪流，

這世界本身有兩次被看見——

一次是在我們腦海的想像之外，

隨著蕭條的冬季現已如冰凍結，

另一次是在我們心靈的靜默水面下，

起伏並閃耀。

當河水翻騰或雲層結冰，

這世界不是被看見兩次——

水面濛濛的溪流下方，

以超乎我們所能理解的愛與熱情，

等候、一直地等候，被看見。

——帕克‧巴默爾

The Winter Woods

The winter woods beside a solemn

river are twice seen —

once as they pierce the brittle air,

once as they dance in grace beneath the stream.

In air these trees stand rough and raw,

branch angular in stark design —

in water shimmer constantly,

disconnect as in a dream,

shadowy but more alive

than what stands stiff and cold before our eyes.

Our eyes at peace are solemn streams

and twice the world itself is seen —

once as it is outside our heads,

hard-frozen now and winter-dead,

once as it undulates and shines

beneath the silent waters of our minds.

When rivers churn or cloud with ice

the world is not seen twice —

yet still is there beneath

the blinded surface of the stream,

livelier and lovelier than we can comprehend

and waiting, always waiting, to be seen.

——Parker J. Palmer

持續向內探索
與你的靈魂保持聯繫

Keep Reaching In
Staying Engaged with Your Soul

｜前言｜

　　儘管數千年來世界各地的智慧傳統主要都致力於描繪通往靈魂的各種途徑，有些人還是不知道「向內探索」（reaching in）是什麼意思。我們不能責怪他們竟對向內探索毫無頭緒，即使蘇格拉底——西方教育界的至聖先師——已將自我檢視視為追尋生命意義的關鍵，我們從小學到研究所，幾乎未曾得到對生命內在旅程的引導。

　　當我們年輕時，完全地投入外在世界，即使有很長一段時間沒有內在生活，我們仍然可感覺到自己「活著」。但是，當我們經歷衰弱和挫敗時——無論年齡大小，都會面對挫敗，逐漸衰弱更是老化過程中無法避免的——如果我們缺乏內在資源，就會承擔一種風險：在生命結束前即有死亡的感覺。然而，並不是所有的一切都消失了。正如詩人里爾克所說：

> 你一息尚存，為時尚未太晚，
> 開啟你的內心深處，汲水於其中，
> 飲於生命泉源，
> 在那裡，生命靜靜地展現自我。[1]

　　「內在生命」（inner life）是什麼意思？我覺得主要是一個沉默的、獨自的反思過程，可以幫助我們重新獲得「存在的

基礎」（ground of our being），並使自己扎根於比自我更偉大、更真實的事物中，唯有如此，我們才能確立生活方向，擁抱自己的陰暗與光明，超越年齡所帶來的遺憾和恐懼，與自己和好，如詩人斯坦利・庫尼茨（Stanley Kunitz）所稱的內心「失落的盛宴」（feast of losses）[2]。

當然，內在旅程也有許多挑戰，這就是為什麼我們有些人不願接受它。當我們向內心探索時，我們將被迫與魔鬼面對面，需要在黑暗中長途跋涉，無法看到隧道盡頭的亮光。

作家安妮・迪勒（Annie Dillard）巧妙地總結了此一旅程的挑戰和收穫：

> 心理學已警告我們，內心深處隱藏著暴力與恐怖。但是，如果你將這些怪物降服，如果你與它們一起沉落於世界邊緣之外，你會發現到我們的科學無法找到或命名的東西，或稱基質（substrate），或稱海洋，或稱母體（matrix），或稱乘載萬物的乙太（ether），它提供善者行善的力量，也提供惡者行惡的力量、場域：我們複雜而莫名地相互關懷，並關心我們共同的生活。這是被賦予的，不是學習得到的。[3]

如果這是真的，正如我在「序曲」中所說的，年老代表已經沒有太多東西可以失去，那麼隨著年齡的增長，向內探索所冒的風險相對變少。向內探索是我們需要採取的冒險，像其他

所有值得做的事情一樣，衰老和死亡都需要實踐，朝著「基質、海洋、母體或乙太」的方向努力。

本章的第一篇文章「擁抱人類的脆弱」（Embracing the Human Frailty）是關於學習如何接受我們生活中遇到的一切事物──好的、壞的、醜陋的──像是給我們功課的老師。我們可能對天堂大喊：「奉所有的聖名，請不要再給功課讓我學了！」然而，隨著年齡越來越大，我們越能夠感受到這些功課如何豐富了我們的生命，即使當時年輕時我們還沒準備好要學這樣的功課。

「坦承共謀」（Confessing My Complicity）這篇文章聚焦於身為一位白人，處在一個植基於白人至上主義的社會裡我的省思。在此，我不是強調內疚之旅，只是承認它是一種社會病理學的內在根源，如果它不被承認和解決，像我這樣的人，將成為延續問題的一部分。在美國，沒有任何一種疾病比種族主義更需要被治癒。種族主義滋生了非理性的恐懼，恐懼又滋生了最嚴重的政治弊端。只要我一息尚存，我就想為解決方案盡一份力。這就需要仔細省察自己的內心，並要對付在那裡所發現的病原體。如果我想幫助治癒這個世界，就必須先治癒自己。

當我們拋棄自我保護的妄想，並有意識地參與種族主義和死亡本身之類的現實時，我們常常會經歷到心碎，那是我們為了保護自己而想避免經歷的。「心碎，盼望新生命」（Heartbreak and Hope for New Life）一篇提到關於心靈的變革力量，

這種力量是將心「打開」，而非將心「分開」。因破碎而開啟的心是一個靈性被煉淨的地方，其中辛苦的歷練可以轉化成智慧的精金。它所需要的就是實踐、實踐、再實踐！

「矛盾的季節」（A Season of Paradox）是寫我們從秋天可以學到的事，當我們看到周圍滿是落葉和枯萎死亡，事實上，卻是播種重生的季節。自然界的秋天提醒我們，生命中每年所經歷的秋天是「小小的死亡」（little deaths），以及最後我們瀕臨死亡時要面對的「大死亡」（big death），這些都是新生命出現前所必要的經歷。

〈阿巴拉契亞的秋季〉是我在十月份一個可愛的下午所寫的一首詩。當時在肯塔基州的一個山谷中，那自古矗立的群山環繞著我，使我找到生命的方向，帶領我進入無言的內在旅程。無言，直到這首詩的出現。

| 擁抱人類的脆弱 |

·旅店·

生而為人就像是一間旅店，
每天早晨都有新的客人到來。

喜樂、憂傷、卑劣，
某些時刻的覺醒來臨
正如意外的訪客。

歡迎並接待每位客人吧！
即使他們是一群悲傷之徒，
粗暴地掃蕩你的旅店
清空店裡的家具，
仍然，滿懷敬意款待每位客人。
即使，他可能把你也清出去了，
為了帶來新的喜樂。

黑暗的思想、恥辱、凶惡，
在門口笑著迎接他們，
並邀請他們進來。

感謝每一個光臨的人，
因為每位都是奉派而來
都是上天派來的嚮導。

——魯米

The Guest House

This being human is a guest house.
Every morning a new arrival.

A joy, a depression, a meanness,
some momentary awareness comes
as an unexpected visitor.

Welcome and entertain them all!

Even if they're a crowd of sorrows,

who violently sweep your house

empty of its furniture,

still, treat each guest honorably.

He may be clearing you out

for some new delight.

The dark thought, the shame, the malice,

meet them at the door laughing,

and invite them in.

Be grateful for whoever comes,

because each has been sent

as a guide from beyond.

——Rumi [4]

　　第一次閱讀〈旅店〉時，我確信魯米是特別為我而寫的，好像他讀了我的日記一樣。我經常被他所說的那些感覺所觸動——「憂傷、卑劣」，「黑暗的思想、恥辱、凶惡」。

　　魯米告訴我們，要向這些「意外的訪客」敞開大門，但是根據我的經驗，那是沒有必要的。因為如果門沒有打開，他們也會破門而入，或破窗而入，或像聖誕老公公一樣從煙囪下來。

　　一旦他們進來了，我可不想像魯米所建議的那樣「歡迎並接待他們」，我反而想踢他們一腳，補上一句：「你下次沒空時再來吧。」這是名畫家華特・席格（Walter Sickert）對一個討厭的客人所說的話。[5]

　　儘管如此，魯米仍堅持認為，我們不僅應該歡迎這些討厭的客人，而且「對任何來訪者都應滿懷敬意」，即使他們是「粗暴地掃蕩你的旅店，清空店裡的家具」，他們也可能「把你也清出去了，為了帶來新的喜樂。」

　　長久以來，我認為魯米的意思是：「這些艱難的感覺將會過去，而更幸福的感覺將會取而代之。」然而，我突然意識到，即使破壞者正在搗毀我的旅店，他們的存在卻是一種記號，表明我確實是生而為人。正如魯米所說：「生而為人就是一間旅店。」此一事實，使我與所有的人合而為一，即所有承認並接受人性的人。對我來說，這也是保證的來源，確知我們有很多同伴，一起走在這條無止無盡、有時甚至是極其險惡的道路上，而我們的人性也變得更加完全。

　　甘地將其自傳稱為《我對真理的實驗》。[6]實驗，是我們學習的方式，而且許多實驗都是失敗的。如果你以實驗的方式生活，失敗會是很個人化的，有些則是很奇特的。然而，正如每位科學家都知道的，我們往往是從失敗的實驗中學到更多，比成功的實驗學到更多。

　　特拉普派修士托馬斯・默頓是我個人崇敬的聖人之一，儘管他不太可能被自己的教會封為聖人，因為按照教會的標準，

他的「失敗經驗」相當壯觀，因他不僅在基督教之外找到道教和佛教的智慧和慰藉，[7] 而且在他生命的盡頭，默頓還深深地愛上了一位在醫院照顧他的護理師。

在漫長而折磨的一年中，當他的生命變成一座被摧毀的「旅店」時，默頓為是否該離開修道院與他所愛的女人結婚而陷入天人交戰。[8] 最終，他做出了痛苦的決定，選擇忠於自己的修士誓言。但是，默頓的一位密友告訴我，當痛苦解除時，默頓對這段「用真理進行的實驗」的親密關係，說了不平凡的話：「我終於知道除了上帝以外，自己有能力愛人。」

令人驚訝的是，這位世界級的神祕主義者竟說，實際上「若與愛另一個人相比，愛上帝，容易太多了。做一個有人性的人，遠比保持聖潔更困難。」默頓理解作家約翰・穆里（John Middleton Murry）所要表達的，他說：「要使一個好人意識到，與其做一個好人（to be good）不如做一個完整的人（to be whole），這相當不容易，後者好像踏上一條又陡峭又狹窄的小徑，比較起來，他之前自豪的正直根本只是一張裝飾美麗的通行證。」[9]

通往整全的道路是艱鉅的，這條道路會引領我們成為擁有完全的人性，而只有那些願意跌倒並願意一次又一次再站起來的人，才能走這條道路。生而為人，成為擁有完整人性的人，是一件多麼值得慶祝的事情，正如默頓在他的日記中寫到的，他走在肯塔基州路易維爾（Louisville）市區時得到的頓悟：

在路易維爾，市中心購物區的第四街和核桃街交口處，我突然領悟到，我愛所有這些人，他們是我的，而且我也是他們的，即使彼此是完全陌生的人，我們卻不可能視彼此為外人。這個領悟，就像是從夢中醒來，一個與世隔絕的夢境，又像從另一個世界虛假的自我隔離中醒來一樣，一個棄絕魔鬼、自以為聖的世界……。這種從虛幻的差異中被釋放出來的感覺，是如此自由與喜樂，以至於我幾乎大笑起來，我想，我的幸福若能用文字來表達，那就是：「感謝上帝，謝謝上帝，我就跟其他人一樣，我只是他們其中的一個。」[10]

有一次，當我把自己其中一個失敗經歷帶到一位值得信賴的輔導那裡（他是個真正知道如何聽到「弦外之音」的朋友），他的回應讓我得到很大的祝福，我永遠不會忘記。他引用神學家內爾・莫頓的名言：「歡迎來到人類一族。」[11] 我失敗的事實並沒有讓我的朋友感到震驚，他之前已經聽過許多失敗的故事，他自己也有失敗的經驗，而且，他很高興的歡迎我加入神學家霍華德・瑟曼所謂「人類的脆弱」（human frailty）。[12]

如今，當人們與我分享他們破碎的故事時，我的首要目標是營造一個安全的空間，讓他們可以試著說出他們認為難以啟齒的一切——並從中學習，如同神學家保羅・田立克（Paul Tillich）的描述：「接受他們已被接納的事實」。[13] 我的終極

目標是,從我自己深深的親身體驗中,能夠說出「歡迎來到人類一族」。

這些話語可以使我們擺脫了可怕的孤獨感,如同魯米在〈旅店〉詩中所寫的,當我們被「一群悲傷之徒」拜訪時,這些話語幫助我們持有信心,繼續忠於人生的發展任務,直到完全。在這個世上,我們無法掙扎求生(survive),也無法追求茁壯(thrive),除非我們能夠懷著崇敬和尊重的態度來擁抱人類的脆弱。

| 坦承共謀 |

當針對有色人種的白色暴力事件又一次爆發時,我的朋友傑瑞・科隆納(Jerry Colonna),同時是納羅帕大學董事長,他發了一篇推特提到慈愛(lovingkindness),如佛教徒所說的慈悲心,描述他對美國國家政策的內心掙扎。沒有錯,好人也是會發推特文的。

首先,他說道:「向聖法蘭西斯(Saint Francis)致歉……祈求上帝賜予我寧靜,別上了憤怒和恐懼的毒鉤。」當我讀到那句話時,我想:「傑瑞真是直接透視我的靈魂,完全說中了我的心聲。」按照我的信仰傳統,當你看到自己的失敗錯誤時,只有一種方式能夠幫助你繼續前進:認罪、祈求寬恕、饒恕自己,並且努力下次不再犯錯。

我的懺悔很簡單。每天,我都被憤怒的毒鉤鉤住,我對自

己國家那高傲而沒有原則的總統生氣，白人的民族主義像有毒的地下水，而他卻刻意去汲取出來，四處散播，不斷抨擊我所相信的真善美的一切事物。我也被恐懼的毒鉤鉤住，但並不是我們第四十五任總統要我們恐懼的「那些人」。我恐懼的是這位總統對美國國內外的兄弟姊妹、美國的民主制度、世界和平，甚至對地球本身所造成的傷害。

傑瑞並不是說憤怒有什麼問題，對此我感到很欣慰。如果我對華盛頓特區所發生的事情不會感到憤怒，那麼我會覺得自己已變得冥頑不靈和麻木不仁，而我拒絕變成那樣。冥頑不靈正是使我們陷入這種噁心和危險的混亂中的主因，而麻木不仁會讓我們深陷混亂，而且使情況越來越糟。

憤怒不是問題。問題是，憤怒像毒鉤，一旦鉤上了，人們會沉溺其中，如同上癮一樣。因為憤怒會帶給你短暫高漲的情緒，但發洩完卻會讓人感覺更糟，同時它也會奪走你的幸福感，創造永不滿足的慾望，等待下一次的發洩。被毒鉤鉤住會消耗我的精力，損害我的健康，更糟糕的是，面對當前正在發生的問題，憤怒轉開我的注意力，而非去負起我個人當下應盡的責任。再一次，傑瑞這番慈悲的發文直指我心：

> 給我智慧，讓我看到自己無意識的偏見，因為這種偏見會繼續使我無意地、不經意地成為共謀者，任由仇恨和冷酷無情滋長。願我永遠不要忘記，正如喜樂、希望與愛一般，仇恨、冷酷無情在這項美國實驗中也扮演

相當的分量。雖然這種經歷對我而言可能是陌生的，但
這卻是我的美國同胞們生活的一部分，這些人缺乏獲得
金錢或權力的管道，畢竟，金錢和權力是特權階級的產
物。

有人會說，傑瑞是在呼籲一種毫無果效的自我鞭笞
（self-flagellation）運動。我不敢苟同此看法。我認為他是在
呼籲我們進行自我檢視和自我覺察。這樣的呼籲至少可以追溯
到蘇格拉底，蘇格拉底相信未經審視的人生是不值得活的。我
要補充的是，未經審視的人生對其他人將是一種威脅。

因此，我在此要替無數次為自己也是白人特權中的一份子
認錯，因為這樣的特權會衍生出許多的不公正和不人道。如果
像我這樣的白人尚無視於這一切或否認這一切時，那無異是另
一種形式的幫凶和同謀。

證據不是很明確嗎？對於許多白人而言是簡單而又安全的
事情，對有色人種來說反而變成是困難或危險的——比如，因
為汽車尾燈破了就被警察攔查，或者，想在某些特定的社區租
屋或買房。黑人當總統顯然比白人當總統更困難，如果歐巴馬
（Barack Obama）說了我們第四十五任總統曾說過的那些最卑
劣的話，或曾在企業上或家庭關係上有任何類似的「違規行
為」，那麼他的政治生涯就完了。白人特權功能強大，當我們
拒絕承認自己和我們文化中存在白人特權的現實時，白人特權
的功能就更加強大了。

　　但是，除了承認我自己有白人特權以外，我的懺悔需要更深入才行。我像其他許多同種族的白人一樣，有根深柢固的、白人至上的潛意識。如果我想挺身對抗由這種有害信念而引起的血腥浪潮，我必須先充分意識到此一事實。

　　我不屬於也不支持三 K 黨或類似的團體，他們的信念和行為是絕對的邪惡，但這些團體只是白人至上心態最極致的表現而已，我們譴責三 K 黨，讓自己可以與現實妥協，我們國家的現實和我們個人的現實情況。一個以奴役黑人為基礎所建立的國家，怎麼可能沒有白人至上的文化基素呢？成長於這塊土地上的白人怎麼可能不會被這種有毒文化所汙染呢？

　　當我仔細並誠實地看著自己時，我看到一種白人至上的形式，雖是很隱微不易察覺，卻仍是有害的。有很長的一段時間，我一直認為「白人才是正常人」，白人的方式才是「正常」的方式。其他的方式充其量都是「異國情調」，通常是「奇怪」或甚至「令人反感」，有時甚至是「恐怖」。

　　我以為所有次文化都相信他們自己的方式是正常的，但是在一個以黑人為奴作為基礎的國家裡，只有白人才會支持這種錯覺。我們不需要有個「白人歷史月」（white history month）來慶祝我們對文明的貢獻，我們也不需要鼓勵大家相信「白人很漂亮」（white is beautiful），我們更無須宣稱「白人很重要」（white lives matter）。在美國，白人從一開始就享有至高無上的統治地位，免費得到這一切優勢。

　　在這個地球上，白人佔少數，「白人才是正常人」的這種

傲慢自大令人嘆為觀止，而且像所有傲慢自大一樣，它扭曲了人們對自我和世界的看法。舉例而言，五十年來，我寫過也談過許多有關美國傾向於將非白人、非異性戀、非基督教徒等人都歸類為「他者」（the other）這個趨勢的危險。

但是直到最近的幾十年，我才意識到我對許多人來說才是「他者」。對於那些不符合我妄想的「正常」人，我會將他們列入他者的類別，我沒有討厭或害怕他們，但是除了我自己和「我的族類」（my people）之外的人，我卻看見他們的「與眾不同」（otherness），視他們為異類，這正是通往「白人至上」優越感的大道，甚至將引向更醜陋的目的地。

所有這一切讓我感到愧疚，是否僅僅是因為我出身是白人？當然不是。沒有人應該為出身而愧疚。但是，當我否認我的白人身分曾帶給我許多社會優勢，否認它使我對世界的觀點受到扭曲，我就感到愧疚。否認，讓我無法看清自己的傲慢自大，無法戴上矯正眼鏡，也無法全然投入對抗白人至上的戰役。

像我這樣的白人幻想家，還有什麼希望嗎？就我而言，這整篇文章都是關於希望的，希望是一種美德，當我們獲得自我覺察、承認我們也有份於造成世上的不公義，並且深入探索，將我們本性中美好的天使釋出，希望，就立即扎根於我們之中。

我的朋友薇拉瑞‧考爾（Valarie Kaur）是一位維權人士，她是律師、電影製片人，也是錫克教徒（Sikh）的司法領袖。

錫克教徒的社區一直遭受仇外暴力，透過她的「革命性博愛計畫」（Revolutionary Love Project），她幫助我理解「希望」落實在行動中會是什麼樣貌。在「革命性博愛計畫」理想中的世界，愛，是一種公共道德和共同實踐。[14]

薇拉瑞在最近的時事通訊中寫道：「白人至上的概念與美國歷史一樣古老，但是，博愛的行動也是一樣古老，而且，每一個愛的行動都會激勵彼此。」然後，她對懷疑論者說：

> 如果你不喜歡聽到別人說「愛」就是答案，我也是——我是律師。在美國，我們只會將愛描述成一種發生在自己身上的感覺，當我們運氣好的時候會有的感覺。如果愛只是一種好的感覺，那麼它確實太善變、太感性、太短暫了，無法成為一股對抗不公義的力量。

透過有色人種與女權主義者的視角（也受到錫克教聖戰士的概念所啟發），薇拉瑞正重新定義非暴力行動，復興了非暴力行動的偉大傳統，也呼應了馬丁‧路德‧金（Martin Luther King Jr.）所說，要有「現在就行動的緊迫感」。[15]

革命性博愛不是浪漫的，而是需要體現出來、需要勇敢、需要付代價的。當我請她描述革命性博愛時，薇拉瑞以自己成為母親的經歷做比喻，從生產時像快要死掉一樣的劇烈陣痛，到一生都要既溫柔又全心全力地撫養、保護自己所愛的孩子：

　　母職——是我們每一個人都擁有的一種能力——可以幫助我們重新定義愛，愛不僅是一種情感，更是一種甜蜜的負擔。愛呼喚著我們，叫我們「眼中沒有陌生人」，注意到別人的傷口和自己的傷口，吸一口氣，克服所有的情緒：喜樂是愛的回禮，悲傷是愛的代價，憤怒是保護被愛者的力量。

　　選擇實踐博愛的倫理可產生新的可能性，但是要具有革命性，必須在三個面向上傾注愛：對他人，對我們的敵手，以及對我們自己。「革命性博愛」是我們這世代的呼召。

　　當我發現自己又再度「咬住憤怒的毒鉤」而不是用憤怒來護住自己愛的能力時，當我有膽量問自己為什麼時，我只有一個誠實的答案。被毒鉤鉤住會消耗我的士氣、精力和勇氣，使我免於接受革命性博愛的挑戰。

　　受傑瑞・科隆納和薇拉瑞・考爾的啟發，我正每天練習兩部分的內在檢視：

　　1. 我今天在哪些地方還有「白人才是正常」的錯覺嗎？

　　2. 我是否願意冒險去實踐聖戰士之愛？正如薇拉瑞所說的：「它具有力量，可以轉變我們的內在生命、我們的人際關係、我們的社會情況。」

當懺悔為我們打開希望之門，我們走過這門以後，下一步就是行動。如果你想知道行動中的革命性博愛是什麼樣子，我敦促你也來簽署「革命性博愛宣言」（Declaration of Revolutionary Love）。[16] 它會將你與這項運動及其他資源都結合起來，包括薇拉瑞·考爾的 TED 演講、她出版的書籍、教育課程、研討會、影片故事、電視節目、各種行動計畫，以及各種訓練和行動的機會，參與在新一代的非暴力革命行動中。

世界需要這場革命，美國需要它，有色人種需要它，像我這樣的白人也需要它。如果我們想要生活在愛、真理和公義交織的世界中，那麼，我們更需要這場革命。

｜心碎，盼望新生命｜

> 有一個門徒問拉比（rebbe）：「為什麼摩西律法告訴我們要將神的聖言『放在心上』？為什麼不是告訴我們要將聖言『放入心中』呢？」拉比回答：「這是因為我們的心是封閉的，我們無法將聖言放入心中。因此，我們將聖言放在我們的心上。聖言將一直停留在我們心上，直到有一天，心碎了，聖言才會落入心中。」
>
> ──哈西德猶太教故事 [17]

心碎是生而為人不可避免的。當愛和信任讓我們失望時，當曾是很有意義的事物如今變得枯乾，當夢想再也不可能實

現，當毀滅性的疾病來襲，當我們珍愛的人離世，我們的心會碎裂，而承受極大痛苦。

我們該如何面對痛苦？我們要如何與它共存、與它共事？我們如何將受苦的力量轉化成新的生命？我們對這些問題的回應方式至關重要，因為**當我們不知道如何處理痛苦時，就會用暴力來解決。**

暴力不僅僅造成身體上的傷害，每當我們施行暴力時，我們侵犯了人類的神聖性，也侵犯了我們自己及他人的神聖性。有時，我們以羞辱自己靈魂的方式來試圖減緩痛苦。我們把噪音、狂暴、工作狂和濫用藥物當作麻醉劑，卻只會加深我們的痛苦。有時，我們將暴力轉向他們，彷彿使他人痛苦可以減輕或緩和我們自己的痛苦。種族主義、性別歧視、恐同症、鄙視窮人等等，都是這些瘋狂策略下所產生的殘酷後果。

世界各國也同樣以暴力來應對苦難。2001 年 9 月 11 日，三千名美國人死於恐怖攻擊行動。美國需要做出回應，因此制定了戰爭計畫。我們最後決定要攻打的國家和人民，其實與攻擊我們的恐怖分子幾乎沒有關係，但很少有人會想到這點或因此感到不安。我們遭受了痛苦；我們也需要對某些人或某些地方施暴；我們因此參戰，卻付出慘痛的代價。由美國主導的伊拉克戰事，至今所造成的總傷亡，估計約有五十萬至一百萬靈魂。[18] 有四千五百名美國人在伊拉克喪生，有更多的人帶著身體上及心理上的傷害重返家園，其中數千人因戰爭的摧殘而選擇自殺結束生命。[19]

　　面對自己的苦難，當我們缺乏道德上的想像力，無法選擇做其他事情時，我們就會施行暴力。但是，我們可以駕馭苦難的力量，將它導向新的生命——這是每天都在發生的。我們都認識一些人，他們曾失去了生命中最重要的人，一開始，他們悲痛欲絕，消聲匿跡，認定生活永遠不再值得過了。但是，隨著時間的流逝，以及內在的各種修復工作，他們逐漸走出來，並發現自己的內心變得更強大，更富有同情心。他們發展出更大的包容力去承受別人的悲傷和喜樂——儘管他們失去摯愛，卻也因此而變得更有愛心。

　　痛苦使我們心碎，但心碎可以有兩種截然不同的方式。有些人的心非常剛硬，會被打裂成碎片，當痛苦爆炸時，足以摧毀那受苦的人，有時，他甚至像一顆手榴彈一樣，把別人設想成是引起痛苦的源頭，將別人也一起炸碎。

　　另一種是柔軟的心，當被苦難擊打時，他的心是被打開來，而非打碎，這樣的心可以成長，可以容納更多形式的愛。只有柔軟的心才能在承受痛苦後展開新生命。

　　我怎樣才能使我的心更柔軟呢？我認為，答案是透過伸展它來鍛鍊自己的心，就像跑者伸展腿部肌肉以避免運動傷害的道理一樣。進行規律的鍛鍊後，我的心就不太可能因為很剛硬而裂成碎片，無法修復；相反地，它會被擴張得更大。如今，隨著年齡的增長，伴隨著越來越多的失落，我的心被鍛鍊伸展的機會也越來越多，這一切最後都歸結於此：接納吧，全都接納！

　　當我不用安眠藥或鎮靜劑就可以接納生命中的小小死亡時，我的心都在鍛鍊伸展，例如：變質的友誼、對我作品的刻薄批判、重要任務的失敗。我也可以透過生活中的小小喜樂來鍛鍊自己的心，例如：陌生人施的小惠、遙遠的火車聲喚起的童年記憶、兩歲嬰孩超有感染力的格格笑聲（我只是用手掌把臉摀住，再把手打開，露出全臉）。將所有這些納入心中（無論是好是壞），這就是一種鍛鍊，逐漸讓我緊握如拳的心變成一雙張開的手。

　　一個民族或國家是否有一顆足夠柔軟的心來應對集體的苦難而無須使用暴力？我對此表示懷疑。但是，由於我並不完全確定——如果我不讓這個問題繼續存在，我也將永遠無法確定——我不打算屈服於犬儒主義。現實世界中已有夠多的事實和可能性，足以證明仍有希望。[20]

　　還記得 2001 年 9 月 11 日恐攻事件後，數週之久，世界各地的人們是如何與美國人肩並肩嗎？他們說：「今天，我們也是美國人。」因為他們深知受苦的感受，他們感受到的痛苦至少和我們一樣多。假設我們能夠接受到 911 之後的日子裡，來自全球如潮水般湧入的同情憐憫，我們或許有機會深思而選擇戰爭以外的替代方案，包括已故的神學家和社會運動家威廉・斯隆・科芬所說：

　　　　我們應有所回應，但不是用同樣的方式。對於無辜
　　的美國人的死亡，我們不會想用其他地區無辜者的死亡

來作為報復，以免我們成為自己所憎惡的對象。我們拒絕助長暴力的循環，這種暴力只會帶來更多的死亡、破壞與剝奪。我們將要做的是與其他國家建立聯盟，我們要分享情報、凍結他們的資產並強行引渡恐怖分子、進行國際制裁。我們將竭盡全力，直到正義得以伸張，但僅僅依靠法律的力量，絕不依靠武力。[21]

上述提議的目的即是將苦難轉向新生命。不幸的是，作為一個國家，我們缺乏道德想像力和寬闊的心，無法不用大規模的暴力來回應我們的苦難。因此，今天我們活在科芬所預言的「更多的死亡、破壞與剝奪」中。恐怕我們步上成為「自己所憎惡的對象」的歧途，已有相當時日。

在我們的個人生活與政治生活中，都可以找到面對苦難的替代方案。重點是，我們會用它們嗎？這取決於我們是否願意（單獨以及集體性地）鍛鍊我們的心，以便在遭受打擊時，我們的心將為新生命而敞開。

| 矛盾的季節 |

‧秋季‧

樹葉正掉落，好像從很高很遠之處掉落，
好像果園死於高高的空中。
每片樹葉掉落，好像在表決「否」。

今晚，孤獨的大地正在墜落
遠離其他所有星辰。

我們都墜落了。這隻手正在掉下來。
看看另一隻。他們都是。

然而，還有一位，祂的雙手
無限平穩，托住萬有。

——萊納·瑪利亞·里爾克

Herbst (Autumn)

Die Blätter fallen, fallen wie von weit,

als welkten in den Himmeln ferne Gärten;

sie fallen mit verneinender Gebärde.

Und in den Nächten fällt die schwere Erde

aus allen Sternen in die Einsamkeit.

Wir alle fallen. Diese Hand da fällt.

Und sieh dir andre an: es ist in allen.

Und doch ist Einer, welcher dieses Fallen

unendlich sanft in seinen Händen hält.

——Rainer Maria Rilke [22]

　　秋天對我而言是一個富饒而美麗的季節，也是一個持續沒落的季節——對我們當中某些人而言，是緩緩滑落憂鬱之中。白晝變得越來越短，越來越冷，樹木也失去它們的榮美，夏季的豐饒繁盛開始凋零，走向冬季的衰敗死亡。

　　我是一名專業的憂鬱症患者，多年來，看著美景逝去時，我對秋季色彩變幻的喜悅，迅速轉變成悲傷。過分專注於夏季綠色生命的褐變，我放任死亡的前奏侵蝕秋季的美好，秋季象徵新生命的賦予，充滿感性的喜悅。

　　然後，我開始理解一個簡單的事實：所有正在發生的「墜落」都充滿了希望，種子被播下，落葉堆肥化成腐土，都是為來年的綠芽繁茂而預備。

　　今天，當我度過自己人生的深秋時，我發現大自然是值得信賴的嚮導。隨著時間的流逝，人很容易定睛於地上的一切：關係的瓦解、理想工作的消逝、目的感和意義感的減弱。但是，當我逐漸了解到生命就像秋天的「堆肥」和「播種」時，我看見了生命的各種可能性如何被置放在我們裡面，即使在最艱難的時刻更是如此。

　　回顧過去，我看見了曾失去的工作如何促使我去找到適合的工作。「此路不通」的道路標誌讓我必須改道而行，進入其他領域，而我多麼慶幸自己有此經歷。我曾認為是無法彌補的損失，反而迫使我尋找到新的意義感來源。在這些經歷中，我都感覺有什麼好像快要死了，它真的死了。然而，在這一切的墜落之中，新生命的種子總是被默默地、豐盛地播下。

　　新生命總隱藏在死亡之中，這樣的盼望，受到秋天的榮耀光彩所增強。哪位藝術家會像自然界用充滿生機活力的調色盤來繪製一個臨終的場景？也許，死亡擁有一種恩典，如果我們懼怕死亡，或認為死亡醜陋猥褻，就無法看見那恩典。我們該如何理解大自然的見證，述說死亡本身（就我們所知是最具毀滅性的）隱含某種美好的希望？

　　最接近這個問題的答案應該就是托馬斯・默頓的一句話，本書前面曾引用過：「在所有可見之物之下……一個隱藏的完整性。」[23]

　　在可見的自然界中，一個偉大的真理被隱藏在平凡事物中。衰弱與美麗，黑暗與光明，死亡與生命，都不是對立的：它們被同時保留在「隱藏的完整性」這看似弔詭的矛盾中。在此矛盾中，對立的雙方並不會彼此抵消——它們以一種神秘的合一方式同時存在於現實的核心。更深一層地說，它們彼此需要，才能健康，就像我們的身體健康也是取決於呼吸，呼與吸必須同時並存。

　　因為我們所處的文化偏向喜愛簡單的「或」（either-or），不喜歡複雜的「及」（both-and），所以我們難以將對立的兩者放在一起。我們只要光明不要黑暗，只要春夏的榮美不要秋冬的苛刻，只要生活的樂趣不要死亡的痛苦。我們提出浮士德式的討價還價，希望得到自己想要的東西，但是這種心態從來未曾真正使我們生氣勃勃，更無法在困難時期成為我們的支撐。

當我們如此害怕黑暗，以至於我們需要二十四小時都有明光照亮時，只得到一個結果：人造光閃爍刺眼，而光照不到的黑暗之處，反而變得更加可怕。將光明與黑暗一分為二，兩者都不適合人類居住。但是，當我們對光明與黑暗說「是」的那一刻起，我們就加入了它們的矛盾之舞，它們二合為一，使我們得以健康和完整。

當我將自己交託給這個有機的現實世界——黑暗與光明、日落與日升交錯循環——我得到的生命是如此真實、多采多姿、豐盛且圓滿，正如同這個世界因著四季的變化遞嬗，是如此的蒙恩且充滿恩典。即使，我對美麗事物的殞落仍會感傷，但，秋天提醒了我，要慶賀這一切，因為那原初的力量將永遠不斷更新萬事萬物，使我、使我們、使大自然世界中的一切亙古常新。

・阿巴拉契亞的秋季・

不，我不如眾山那般老邁，

眾山矗立環繞我，我躺臥休息

在碧草如茵之谷，但是，十月下旬，

在我七十有三的年歲，

感覺它們就像是我同齡之人。

春天和夏天的翠綠

早已從樹上消逝了。

緋紅色的，焦褐色的

琥珀色的葉子

映襯著逐漸變暗的天空，

以其美麗之姿，抗拒著

即將結束的生命週期

與愛的循環，

在這種長期的苦難景觀中。

古老的地球將所有事物都帶入了世界，

既冷漠無情，又滿有憐憫，

同存於呼吸之間，這是

我想要的生活，我的失敗和

我喪失的機會，都得到了寬恕，

正如它們現於日光之下──

分解釋放出來，

復活成為新生命──

步向死途中，帶著

感謝與讚美，而且

無所遺憾。

──帕克・巴默爾

Appalachian Autumn

No, I'm not as old as the hills
that rise around me as I rest
amid the tawny grasses of this
holler. But here in late October
of my seventy-third year, they
feel like age-mates to me. The
greens of spring and summer
are long-gone from the trees.
Leaves of crimson, burnt
umber and amber flare against
the darkening sky, defying
with beauty the soon-to-end
cycle of one more round of
life and love in this long-
time landscape of suffering.

The ancient earth takes it all in,
indifferent and compassionate
in the same breath. This is how
I want to live, my failings and
lost opportunities forgiven
as they are under this sun —

released in their triviality,

resurrected as new life —

en route to dying with

thanks and praise and no

mind-begotten regrets.

——Parker J. Palmer

在邊涯上
死後何往

Over the Edge
Where We Go When We Die

| 前言 |

在我四十多歲時，有幸讀到了努西亞的聖本篤（Benedict of Nursia，約 480-550 年）所寫的《聖本篤法則》（*Rule of Saint Benedict*），這是一部靈修經典，為共同居住在修道院的修士們而設計的。[1] 該法則成為聖本篤規章（Order of Saint Benedict）的基礎，聖本篤（以下譯為本篤會，亦被稱為黑修士）是天主教的一個隱修會，當今在世界各地仍相當活躍。[2]

本篤會的戒律之一指示修士們要「每天將死亡擺在眼前」。[3] 第一次讀到這句話時，真是讓我震驚。為什麼我應該撇開我重要而充實的生活，而去考慮死亡呢？如今，經過多年，我體悟到了兩個很好的答案。

第一個答案是來自本篤會修士大衛‧斯坦德—拉斯特弟兄（Brother David Steindl-Rast）：

> 死亡的最終性之所以存在，是為了促使我們去做選擇。若選擇活在當下，即可開啟永生。因正確理解永恆的人，將知永恆不是時間的延續，而是抓緊未消逝時間的智慧。所謂永恆，超脫時間長短的衡量。[4]

我認同大衛弟兄對「永生」的詮釋，因為我了解「活在當下」的好處。你不必等到死去，才可以在高處的天堂收取獎

賞。關注於此刻此處，你會立即得到回報——那「愛的社群」
（Beloved Community）[*]，就在我們之中。正確理解「每天將
死亡擺在眼前」並不是要將目光自今生移開，而是意味著要更
深入地正視今生。

我需要「每天將死亡擺在眼前」的第二個原因在於，我的
經歷告訴我，要牢記生命是一份禮物，不是我努力贏得的，我
也不會永遠擁有它。生命如禮物，只有在活著的時候才能與人
分享。理解了這個道理，即使在生命中最艱困的時期，也能夠
激發我「把愛傳出去」。

本章的副標題是「死後何往」，請原諒這可能有廣告之
嫌、華而不實，因我在此主題上的資訊其實非常有限。如果有
關「死後何往」這件事有定義說明，我應該是沒查到。所以這
裡僅提供兩篇散文和一首詩供參考。

第一篇「堅強面對現實」（Fierce with Reality），靈感來
自於我的信仰，我認為，為死亡做準備最重要的事情就是，在
世的時候盡可能展現自己的真我。正如大衛弟兄所說，最重要
的是真實地活在當下，以我們所擁有的一切充分呈現，並完全
意識到自己的陰暗面與光明面。

「曠野朝聖」（A Wilderness Pilgrimage）描寫關於我和妻
子每年一次的旅程，明尼蘇達州北部的邊境水域獨木舟保護區
（BWCA）是我最愛的地方之一，正如凱爾特基督教徒所形容

---

[*]　譯註：為馬丁・路德・金所倡導以愛與公義建立的民權目標。

的，在那裡「世界與世界之間的面紗」更加透明，人們彷彿可以窺見世界之外的事物。我並不確知人死後將去哪裡，但邊境水域獨木舟保護區（又名神的國）令我驚豔，是我極其熱愛的旅遊目的地。

我寫〈從遠方揮手告別〉這首詩的那天，想起四個老朋友在同一年當中相繼去世，一種格外淒美的情感擊中我心。當我想到再也無法與他們任何一個人在一起時，心裡非常難過。然而，隨著這首詩的展開，我開始理解，我的缺席可能讓朋友們的離去變得容易一些，這也很可能成為我所能給予的最後一份禮物。

｜堅強面對現實｜

在這本書的開頭，我引用了心理學家芙蘿麗妲—麥斯威爾的話，我想在本書結束前再次引用她的話：「你只需要承認自己的人生事件與故事，就可以擁有自己的人生。當真正擁有你的所行所是……你就能堅強面對現實。」[5]

芙蘿麗妲—麥斯威爾寫下這些話的時候八十五歲，雖然我第一次閱讀她的話時才約四十歲，但我知道她正是在對我說。我身為一位丈夫和一位父親，每天都很成功，也很失敗；作為社區組織者，我對抗種族主義，卻遺忘了白人特權成為保護我免受邪惡侵害的堡壘；在成為作家的途中，我曾因被拒絕而感到沮喪，也因此受到激勵；在第一次跌落至臨床憂鬱症時，幾

乎溺斃了，然後，又從當中浮上水面。

簡而言之，我是一個相當平凡的人，擁有複雜而矛盾的靈魂、極度渴望圓滿。我想要自己的生命既可以實現自我又可以服務世人，並同時做到愛人愛己。我知道要達到這樣的目標需要「堅強面對現實」，但是我衷心希望有一條比芙蘿麗姐—麥斯威爾所推薦的道路還要更輕鬆的路。在四十三歲的時候，我並沒有勇氣去「真正擁有我的所行所是」。

如今，當我接近八十歲時，我知道整全並沒有捷徑。唯一方法是，充滿愛心地用我們的手臂擁抱自己所知道的**一切**：包括自私自利與慷慨無私、苛薄惡毒與同情憐憫、膽怯與勇敢、奸詐與可靠。我們必須能夠對自己也對世上大部分的人說：「我符合以上所有描述。」如果我們不能擁抱自己的全部、用轉化的愛來擁抱自己，我們將囚禁那隱藏在自己陰暗面中的創造力，而無法帶有創造性的去參與世界，因世界是光明與黑暗的複雜合體。

當然，要達到「述說、主張、愛自己的全部」，實在是說時容易做時難，因為誠實地自我檢視是人類苦難的著名根源（但是替代方案讓人更加痛苦）。心理學家艾瑞克森在他的成人發展理論中宣稱，如果我們不能接受過去和自己所做的一切，那麼我們將從「自我統整」（integrity）走向「絕望」（despair）。[6]

當我環顧四周同齡同伴時，很容易找到「絕望」的案例，並看到其可悲的後果。有些後果是個人的，例如那些試圖否認

自己內心黑暗的人，會四處散播絕望的氣息；有些後果是政治上的，例如當那些害怕自己被異樣眼光看待的人，將他們的恐懼投射到「其他人」身上，而無恥的政治家會憤世嫉俗地操縱這種恐懼，玩弄危險的分化遊戲。

但是，如果我們願意誠實地自我檢查，朝著富有同情心且能「自我接納」的恩典邁進，那麼回報會是巨大的。當我們可以說：「我符合以上所有描述，我有我的陰暗面和光明面」，我們可以活得更自在，在一個充滿多樣性的星球上，更能接納其他人跟我們一樣不完全，並且更能夠成為一個給予者，直到生命的盡頭。

如何才能學會用愛來擁抱自己的全人？這項任務不需要、更不應等到我們年老時才開始，當然，你可以透過經過實踐檢驗的輔助方法，例如冥想、寫札記和各種治療，這些對我都有幫助。然而，以下列舉的是我發現更有幫助的其他三項方法：

1. **接觸年輕一代**——不是對他們提供建議，而是向他們學習，從他們那裡獲取能量，並給予他們支持。艾瑞克森將此階段稱為「生產」（generativity）階段，生產的反面是「停滯」（stagnation），代表隨著時間老化以後，遲早將導致「絕望」。

2. **朝著你恐懼的方向前進，而不是逃離恐懼。**我試著回想在外展訓練課程（Outward Bound course）中的自己，站在高處的岩石崖面，需要援繩而下一百英尺，我被自己的恐懼嚇

得一動也不動！而我得到的建議是：「如果你不能擺脫它，那就做吧！」例如，如果你害怕「他者」，就面對面地參與他或她的故事，隨著同理心的擴大，自己的恐懼就逐漸縮減。

3. 盡己所能地多花時間在大自然中。大自然不斷提醒我，每件事物都有其特殊的位置，沒有任何事物是應當被排除在外的。森林的地表看似「混亂」，其實具有驚人的完整性與和諧性，正如我自己生命中的「混亂」一般。

再次深感，我的口頭禪：「**整全是目標，但整全並不代表完美。擁抱破碎是生命中不可或缺的一部分。**」我們越早了解這一點越好，它是真理，可以使我們自由地過好生活、好好地去愛。最終，好好地死去。

我覺得最悲哀的死亡莫過於從未在這個世界上展露真實的自我。最有恩典的死亡莫過於知道自己在世時展露了最好的真我，並能夠因著堅強面對現實而自由自在、充滿愛地活著。

| 曠野朝聖 |

・他們的漫漫長路・

讓這些樹林
與你一起慢慢前行。
在所有冰凍的季節裡，
耐寒的松樹保持長青，
地衣覆蓋的岩石長存，

對時間的流逝無動於衷——
這些將教導你如何
讓自己的生活落地生根。

森林地面的碎形混亂，
白色的銀蓮花、
尖刺的小草和枯葉、
倒下的樹幹和樹枝
像「挑竹籤遊戲」一般
散落著——
這些將教導你如何
放手，才能活得自由
當你離去的時刻來臨，
成為新枝根部的養分吧。

——帕克・巴默爾

Their Slow Way

Let these woods have their
slow way with you. Patient
pines that hold their green
through all the frozen seasons,
lichen-covered rocks that live
indifferent to time's passage —

these will teach you how to
bring your life to ground.

The fractal chaos of the forest
floor, its white anemones,
spiked grasses and dead leaves,
the fallen trunks and branches
splayed out like pick-up sticks —
these will teach you how
to live freely, with abandon,
and feed the roots of new growth
when your time has come.

——Parker J. Palmer

　　在過去的二十年中，我每年八月都會和妻子造訪明尼蘇達州北部的邊境水域獨木舟保護區，這是加拿大邊界沿線一百萬英畝的聯邦保護區。早在我造訪這個地方之前，就有一個朋友向我這樣描述過：「不論你往哪裡看，都能看到一個完美的日式花園。」的確如此，那裡的岩石、樹木、水域、天空，景致如此優雅美麗，無垠無盡。

　　八月，在保護區的一個湖上，完美無瑕的傍晚時分，當沉重而潮濕的高溫被涼爽的微風吹散，微風攪動著湖水，也攪動了我的心思和意念。太陽緩緩沉落，森林彷彿沐浴在蜂蜜之

中。松樹、白楊木、雜草樹、灌木叢和簇狀草閃耀著琥珀色和青綠色，映襯著美國詩人康明斯（E. E. Cummings）所描繪的「湛藍夢幻的天空」（blue true dream of sky）。[7]

我第一次到這個度假天堂時才五十多歲，它的樸素、美麗與平靜深深吸引了我，從那時起，我每年夏天都會回訪。起初，休假是我的初衷。但是，我很快就意識到，每年一次的邊境水域之旅，都是曠野朝聖的旅程，是一個療癒身心的聖地。

在工作的那些時日裡，當事情變得艱困時，我會想像自己進行了一場朝聖之旅。我閉上眼睛，看到自己在陽光普照的樹林中健行、在微風吹拂的湖面上划槳、聽到難忘的潛鳥叫聲、觀看宛若太空劇場般的北極光，或者，不經意的聽到兩位故交——湖水與湖岸——之間的寧靜對話，寒冷而清澈的湖水溫柔地拍打在湖岸上。

寧靜並非使這片曠野成為療癒之地的唯一原因。大自然的耐心、豐富、韌性的本質即充滿著復原力，向我展現了自我療癒的方式，使我可以成為一位受傷的醫治者（wounded healer）。看著曠野如何戰勝災難，幫助我看到苦難如何可以成為更新的溫床。尤有甚者，大自然再次保證，在生與死的大循環中，新生命永遠獨占鰲頭。

1999 年 7 月 4 日，一場急速風暴與一連串暴風雪造成了內陸颶風，摧毀了邊境水域，[8] 也吹倒了數百萬棵樹木，枯枝遍地，引發了無數的火災，在接下來的幾年中，毀滅了周遭的森林。風暴過後的一個月，當我到達每年例行的退修地點時，

看見遍野蕭瑟、滿目瘡痍的景象，我的心都碎了。我不知道是否可以留下來，也不知道明年是否還能再回來。但是，有些東西把我留在那裡，而且讓我每年都一直回去，也讓我有機會見證大自然的復甦與復活。

在風暴毀了森林之前，我有一條最喜歡的健行步道，它穿過一大片的森林，這座森林如此茂密、原始，人煙罕至。因為知道這座僻靜的森林曾被風暴摧殘，後又遭大火重創，有好幾年我都不敢再走上那條步道。後來，當我再次踏上它時，我看到了死亡所遺留的空白，如何被新的生命所填滿。

過去這片土地籠罩在茂密樹林的陰影下，如今陽光燦爛，灑落遍地，覆盆子和藍莓、羽扇豆和紫苑花，如雨後春筍般，遍野蔓延。白楊木的種苗，好似飢餓的青少年般，快速生長；如今，在那場風暴過後的二十年裡，這些種苗大部分都已長成我身高的兩倍以上。這條步道上的巨大岩石，看上去像是藝術家樂燒的陶器（raku pottery），在一片烈火燃燒的森林窯爐中被燒製而成，上面鑲有紅色的、棕色的、藍色的和金色的金屬釉彩。

多年來，我一直問自己一個古老的問題：「那麼，我們該如何活？」我經常在世界最偉大的智慧傳統中找到很好的指引和道路。但是，在我七十九歲的時候，我也問：「那麼，我們該如何死？」沒有其他道路比我在邊境水域找到的更適合我了。在這個地方，我一次又一次被帶到「萬物的邊涯」，並有機會一窺天堂。

　　神學將天堂描繪成天上的封閉社區，並不符合我的狀況。與其他許多事一樣，永生若只在我自己的族類成員中度過，聽起來比天堂更像地獄。我也不相信，當我們死亡時，靈性與物質會分離，靈性會以某種沒有形體的、幽靈般的樣式存在。據我所知，物質和靈性緊密相連，不可分割，無法區別，如同一枚硬幣的兩面。如果肉體和大地沒有靈的注入，我們和自然界怎麼會充滿美善、療癒和恩典呢？

　　很久以前我就知道自己所知不多，所以如果死亡意外駕臨，我也不會感到震驚。但是，在我不知道的許多事情中，有兩件事是我確定的：當我們死去後，我們的身體歸回塵土，而塵土將轉化成為新生命。當我微小的生命在風中或火化終結時，我的身體將被轉化，好像煉金術一般，將所有一切更新，如同這片曠野的見證。也如中世紀煉金術士夢寐以求的那樣，渣滓要煉成精金。

　　對我而言，復活後的形體並不重要，湖邊鳴叫的潛鳥、灑落金光的松樹、森林地面上的一朵野花、滋養森林花樹的沃土、北極的極光、極光之外的眾星辰。這一切都是好的，都是精金，交織成龐大的生命之網，在其中，身體和靈性是合而為一的。

　　雖然，對生活、對曾幫助我成長的挑戰、對白白得來的禮物、對我所愛的每個人和每樣事物，我並不樂意道別，但是，我很樂意在使他人的新生命成為可能的事上，扮演小小的角色。有了這個觀點，生命的死去變得值得。

二十週年邊境水域的年度朝聖之旅，使我確信諾里奇的朱利安（Julian of Norwich）說的是對的：「一切盡將安好，一切盡將安好，萬事萬物盡將安好。」[9]

・從遠方揮手告別・

（給安吉、伊恩、文生和約翰）

最近幾週，他們的名字
隨著呼吸吐納，在他們的最後一口氣中
消逝於空中：安吉、伊恩、文生、約翰。

我和他們曾一起交談、一起歡笑、一起工作，
我們彼此關心。如今，他們走了。
不，他們不會苟活——只是看著這世界

繼續缺席，努力奠基於
稍縱即逝的名望。我一直以為

如果我死的時候，
有幾個愛我的人陪在身邊，那就好了。
現在，當我得知朋友們驟然離世時，
我很高興我所能做的就是

從遠方揮手告別，並知道他們看不到我。
給他們一個看不見的，最後的致敬，是應該的，

不求任何關注，也無法

吸引他們遠離我們每個人必須
獨自完成的旅程。這必定是一場呼吸困難的攀爬，
如同許多次我爬山時

在新墨西哥州的山巒中，我最想要的一件事
是有人可以說話，
當我只能做的事情就只有攀爬、呼吸、然後停下來——

驚嘆於所見的景色，想像著山頂上會是如何。

——帕克・巴默爾

Waving Goodbye from Afar

（for Angie, Ian, Vincent, and John）

One by one, their names have been

exhaled in recent weeks, fading into thin air

on their final breath: Angie. Ian. Vincent. John.

I talked, laughed and worked with them, we

cared about each other. Now they are gone.

No, they do not live on — just watch the world

keep turning in their absence, a tribute here

and there depending on the fame of the fast-
fading name. I've always thought it would

be good if a few who loved me sat with me
as I died. Now, as I learn of friends who've
taken sudden leave, I'm glad all I can do is

wave goodbye from afar, knowing they can't
see me. It feels right to offer them an unseen
final salute, seeking no attention, unable to

distract them from a journey each of us must
make alone. It must be a breathless climb, the
kind I've made many times in the mountains

of New Mexico. The last thing I wanted there
was someone who just had to talk, when it was
all I could do to climb, to breathe, then stop —

marveling at the view, wondering what's up top.

——Parker J. Palmer

終曲
Postlude

· 為何我要傷心呢 ·

為何我要傷心呢，

知道白楊木總是

傍著這條小徑

迎著山風

像是身材曼妙的女孩跳舞，

揮舞著她們的雙臂，

甩著頭髮，

有節奏地擺動臀部。

白楊木的上方，

湛藍的天空，

只有當城市從視線中消失時

才看得到的藍色夢境。

白楊木下方

在這片岩石的下方，

一條崎嶇的斜坡，

被堆積成塊的落葉和

撲倒腐爛的樹枝覆蓋，

鋪成一張愛之床，

印度的畫風和白色的

紫羅蘭，在一片茂盛的綠草中生長。

所有滾落的石礫和巨岩

都找到了它們自己完美擺置的角度，

那麼，為何我要傷心呢？

最後一刻，當我絆倒跌落時，

所有這一切都在等待著我，

等著我加入這場舞蹈，

舞蹈中所有的一切轉著、迴旋著，

直到我們那斑斑駁駁、喧喧嚷嚷、搖搖晃晃的世界

的樂音終止。

——帕克・巴默爾

Why Should I Ever Be Sad

Why should I ever be sad,
knowing the aspens are
always here dancing along
this trail, slim as willowy
girls, swinging their arms,
tossing their hair, swaying
their hips in rhythm with
the mountain wind. Above
the aspens, intensified sky,
a dream of blue seen only as
cities fade from view. Below
them a rocky slope covered
with clotted clumps of leaves
and fallen, rotted branches,
laying down a love bed where
Indian Paintbrush and white
violets grow amid a flourish
of green. All of the tumbled
boulders and rocks have found
their angle of perfect repose,
so why should I ever be sad?

All of this waits for me when
at last I stumble and fall,
waits for me to join in this
dance with all that turns and
whirls — a dance done to the
silent music of our dappled,
singing, swaying world.

——Parker J. Palmer

·敬酒兩巡*·

敬文字及文字在我們之間活著的方式……

讚美這薄薄的痕跡，這聲音

能形成文字，道成肉身，

進入無人能入之處，

填補彼此的空缺。

敬我們以及我們在文字之間生活的方式……

而在文字的聲音之間

我聽到你沉默無聲的靈魂

在一人獨處之所

當講演結束

祂使我們合而為一。

——帕克·巴默爾

---

* 歌曲〈Two Toasts〉（凱莉·紐康莫作曲，帕克·巴默爾作詞）可以於網址 NewcomerPalmer.com/home 免費下載。

Two Toasts

To Words and How They Live Between Us...

Praise be that this thin mark, this sound

Can form the word that takes on flesh

To enter where no flesh can go

To fill each other's emptiness.

To Us and How We Live Between the Words ...

And in between the sound of words

I hear your silent, sounding soul

Where One abides in solitude

Who keeps us one when speech shall go.

——Parker J. Palmer

∽ 註釋 ∽

序曲

1. Kurt Vonnegut, *Player Piano* (New York: Dell Publishing, 1980), 84.

2. Leonard Cohen, "A Thousand Kisses Deep," *The Leonard Cohen Files*, http://tinyurl.com/y9bkha66.

3. Dylan Thomas, "Do not go gentle into that good night," in *The Poems of Dylan Thomas* (New York: New Directions, 1971).

4. William James, *The Varieties of Religious Experience* (New York: Cosimo Classics, 2007), 18.

5. 這句話是 Truman Capote 的名言，否定了其他作家的作品。參見 Quote Investigator, http://tinyurl.com/y8grfr55。

6. *Online Etymology Dictionary*, s.v. "Levity" (accessed January 13, 2018), http://tinyurl.com/ybbbyjrv.

7. G. K. Chesterton, *Orthodoxy* (New York: Simon & Brown, 2016), 95.

8. Leonard Cohen, "Tower of Song," *The Leonard Cohen Files*, http://tinyurl.com/yaosaqzr.

9. "Invocation" from *Shaking the Tree* by Jeanne Lohmann. Reprinted with permission from Fithian Press, a division of Daniel & Daniel Publishers, Inc.

10. 這些短文有許多初次發表於 On Being Studios 部落格。從 2014 年 10 月 5 日起我在 On Being 網站的文章列表可參見 http://tinyurl.com/ybwmhkbe。

第 1 章　邊緣的視野：我所見之事

1. *Cambridge Dictionary,* s.v. "Brink" (accessed January 13, 2018), http://tinyurl.com/y8npy22z.

2. Oliver Wendell Holmes, *Holmes-Pollock Letters: The Correspondence of Mr. Justice Holmes and Sir Frederick Pollock, 1874–1932,* 2nd ed. (Belknap Press, 1961), 109.

3. Courtney E. Martin, "Reuniting with Awe," *On Being* (blog), March 6, 2015, http://tinyurl.com/ybdjhwa9.

4. Florida Scott-Maxwell, *The Measure of My Days* (New York: Penguin Books, 1983), 42.

5. *Wikipedia, The Free Encyclopedia,* s.v. "Thomas Aquinas" (accessed January 11, 2018), http://tinyurl.com/npo9d4u.

6. "Love" from *Czesław Milosz New and Collected Poems: 1931–2001.* Copyright © 1988, 1991, 1995, 2001 by Czesław Milosz Royalties, Inc. Reprinted with permission from HarperCollins Publishers, Inc., and The Wylie Agency.

7. William Butler Yeats, "The Coming of Wisdom with Time," Bartleby. com, http://tinyurl.com/hu9thkt.

8. Emily Dickinson, "Tell the truth but tell it slant — (1263)," Poetry Foundation, http://tinyurl.com/hh2cm5w.

9. Saul McLeod, "Erik Erikson," *Simply Psychology* (2017), http://tinyurl.com/7svu5fu.

10. Lucille Clifton, "the death of fred clifton" from *Collected Poems of Lucille Clifton.* Copyright © 1987 by Lucille Clifton. Reprinted with permission of The Permissions Company, Inc., on behalf of BOA Editions, Ltd., www.boaeditions.org, and Curtis Brown.

第 2 章　年輕與年長：世代共舞

1. Oliver Wendell Holmes, "The Voiceless," in *The Complete Poetical Works of Oliver Wendell Holmes* (New York: Houghton, Mifflin,

1900), 99.

2. Nelle Morton, *The Journey Is Home* (Boston: Beacon Press, 1985), 55. See also "Nelle Katherine Morton Facts," *Your Dictionary,* http://biography.yourdictionary.com/nelle-katherine-morton.

3. Howard Thurman, *The Inward Journey* (Richmond, IN: Friends United Press, 2007), 77.

4. Courtney Martin, *Do It Anyway: The New Generation of Activists* (Boston: Beacon Press, 2013).

5. Parker J. Palmer, *The Courage to Teach: Exploring the Inner Landscape of a Teacher's Life, 20th anniversary ed.* (San Francisco: Jossey-Bass, 2017), 26.

6. Mohandas K. Gandhi, *Gandhi: An Autobiography — The Story of My Experiments with Truth* (Boston: Beacon Press, 1993).

7. Rainer Maria Rilke, *Letters to a Young Poet,* trans. Joan M. Burnham (New York: New World Library, 2000), 35.

8. Terrence Real, *I Don't Want to Talk About It: Overcoming the Secret Legacy of Male Depression* (New York: Scribner, 1998).

9. "The simplicity on the other side of complexity" quoted in John Paul Lederach, *The Moral Imagination: The Art and Soul of Building Peace* (Oxford, UK: Oxford University Press, 2010), 31.

10. Diane Ackerman, *A Natural History of the Senses* (New York: Vintage Books, 1991), 309.

第 3 章　成為真實：從虛幻到現實

1. *Crossings Reflection #4: "The Sound of the Genuine," Rev. Dr. Howard Thurman, (1899–1981)* (Indianapolis: University of Indianapolis: The Crossings Project, n.d.), http://tinyurl.com/gmv2ux2. For more on

the Crossings Project and its publications, see http://tinyurl.com/zb-myaqf.

2. Thomas Merton, *The Asian Journal of Thomas Merton* (New York: New Directions, 1975), 307.

3. Thomas Merton, *The Seven Storey Mountain, 50th Anniversary Edition* (New York: Harcourt Brace, 1998).

4. Herbert Mason, *The Death of al-Hallaj* (Notre Dame, IN: Notre Dame Press, 1979), xix.

5. Thomas Merton, *The Inner Experience: Notes on Contemplation* (San Francisco: HarperSanFrancisco, 2004), 4.

6. Thomas Merton, *The Sign of Jonas* (New York: Harcourt, Brace, 1953), 11.

7. 許多二手文獻中提到這段文字是出自 Bohr，但我在他已出版的作品中沒找到出處。這段文字的原創性在他兒子 Hans Bohr 的文章〈我的父親〉中被證實：「我父親最著名的理論之一，就是區分真理為兩類，一個精深的真理的相反卻可能是另一個精深的真理。」取自 *Niels Bohr: His Life and Work as Seen by His Friends and Colleagues,* ed. Stefan Rozental (Hoboken, NJ: Wiley, 1967), 328.

8. Thomas Merton, "To Each His Darkness," in *Raids on the Unspeakable* (New York: New Directions, 1966), 11–12.

9. Rainer Maria Rilke, *Letters to a Young Poet,* trans. M. D. Herter (New York: Norton, 1993), 59.

10. Parker J. Palmer, *Let Your Life Speak* (San Francisco: Jossey-Bass, 2000), chap. 2.

11. 關於「勇氣與更新中心」更多的介紹，請見 http://www.CourageRenewal.org。

12. Merton, *Asian Journal,* 338.

13. 同上。

14. Chinua Achebe, *Things Fall Apart* (New York: Anchor Books, 1994).

15. Thomas Merton, "Hagia Sophia," in *A Thomas Merton Reader,* ed. Thomas P. McDonnell (New York: Doubleday, 1989), 506.

16. Thomas Merton, *The Hidden Ground of Love* (New York: Farrar, Straus & Giroux, 1985), 294.

17. Igumen Chariton of Valamo, *The Art of Prayer: An Orthodox Anthology* (New York: Farrar, Straus and Giroux, 1966), 20.

18. "Beliefnet's Inspirational Quotes," Beliefnet, http://tinyurl.com/osgy-qke.

19. "The Guest House" by Jalal al-Din Rumi and Coleman Barks (Trans.), from *The Essential Rumi* (New York: HarperOne, 2004). Reprinted with permission from the translator, Coleman Barks.

20. Jonathan Montaldo, ed., *A Year with Thomas Merton: Daily Meditations from His Journals* (New York: HarperOne, 2004), 12.

21. Albert Camus, *Lyrical and Critical Essays* (New York: Vintage, 1970), 169.

22. Chuang Tzu, "The Empty Boat," in *The Way of Chuang Tzu,* ed. Thomas Merton (New York: New Directions, 2010), 114.

23. Parker J. Palmer, *A Hidden Wholeness* (San Francisco: Jossey-Bass, 2004), 55.

24. Montaldo, *Year with Thomas Merton,* 14.

25. William James, quoted in Joseph Demakis, *The Ultimate Book of Quotations,* http://tinyurl.com/y9963758.

26. Thomas Merton, *The Sign of Jonas* (New York: Harcourt, Brace and Company, 1953), 37.

27. Aubrey Menen, *The Ramayana, as told by Aubrey Menen* (Westport,

CT: Greenwood Press, 1972), 276.

28. Montaldo, *A Year with Thomas Merton,* 16.

29. In Richard Kehl, *Silver Departures* (New York: Aladdin, 1991), 8.

30. Montaldo, *A Year with Thomas Merton,* 13.

31. Dylan Thomas, "Do not go gentle into that good night," in *The Poems of Dylan Thomas* (New York: New Directions, 1971).

第 4 章　工作與志業：寫下生命

1. Mary Catherine Bateson, *Composing a Life* (New York: Grove Press, 2001).

2. Quote Investigator, http://tinyurl.com/yd5rl8k9.

3. George Orwell, *Why I Write* (New York: Penguin Books, 2005), 10.

4. To learn about the disputed origins of this quip, 若想了解這句妙語的原始出處，請參 Quote Investigator, http://tinyurl.com/y7db9qve。

5. *Wikipedia, The Free Encyclopedia,* s.v. "John Gillespie Magee Jr.: High Flight," (accessed January 11, 2018), http://tinyurl.com/yc9fh-bc3.

6. Barry Lopez, *Crossing Open Ground* (New York: Vintage, 1989), 69.

7. Wikiquotes, http://tinyurl.com/yayymvwe.

8. Thomas Merton, *The Inner Experience: Notes on Contemplation* (San Francisco: HarperSanFrancisco, 2004), 4.

9. Thomas Mann, *Essays of Three Decades* (New York: Knopf, 1942).

10. José Ortega y Gasset, *On Love: Aspects of a Single Theme* (Cleveland, OH: World-Meridian, 1957), 121.

11. Bateson, *Composing a Life.*

12. William Wordsworth, "Intimations of Immortality from Recollections of Early Childhood," *The Oxford Book of English Verse, 1250–1918,*

ed. Arthur Quiller-Couch (Oxford, UK: Oxford University Press, 1963), 612.

13. Henry David Thoreau, *A Week on the Concord and Merrimack Rivers* (New York: Dover, 2001), 223.

14. Paul Engle, "Poetry Is Ordinary Language Raised to the Nth Power," *New York Times,* February 17, 1957, 4.

15. Robert Penn Warren, "Poetry Is a Kind of Unconscious Autobiography," *New York Times Book Review,* May 12, 1985, 9–10.

16. "To Hayden Carruth" from *Wendell Berry, New Collected Poems.* Copyright © 2012 by Wendell Berry. Reprinted by permission of Counterpoint Press.

17. Shunryu Suzuki, *Zen Mind, Beginner's Mind: Informal Talks on Zen Meditation and Practice* (Boulder, CO: Shambhala, 2011), 1.

第5章　持續對外連結：與世界保持聯繫

1. "Santos: New Mexico." Copyright 1948 by May Sarton, from *Collected Poems 1930–1993* by May Sarton. Used by permission of W.W. Norton & Company, Inc., A.M. Heath Literary Agents, and Russell & Volkening as agents for the author.

2. Will Oremus, "The Media Have Finally Figured Out How to Cover Trump's Lies," *Slate,* March 23, 2017, http://tinyurl.com/moj2tb4.

3. Anne Lamott, *Traveling Mercies: Some Thoughts on Faith* (New York: Anchor Books, 2000), 134.

4. Iris DeMent, "God May Forgive You (But I Won't)," YouTube, http://tinyurl.com/yaqhfngs.

5. Sarton, "Santos: New Mexico."

6. Parker J. Palmer, *Healing the Heart of Democracy: The Courage to*

Create a Politics Worthy of the Human Spirit (San Francisco: Jossey-Bass, 2014). Discussion resources and videos related to the book are available at http://tinyurl.com/hl4zhy9.

7. William Sloane Coffin, *Credo* (Louisville, KY: Westminster John Knox Press, 2004), 84.

8. "How Journalists Are Rethinking Their Role Under a Trump Presidency," *Diane Rhem Show* transcript, November 30, 2016, http://tinyurl.com/hdykgaq.

9. Margaret Sullivan, "The Post-Truth World of the Trump Administration Is Scarier Than You Think," *Washington Post,* December 4, 2016, http://tinyurl.com/zebmkrn.

10. Louis Nelson, "Conway: Judge Trump by What's in His Heart, Not What Comes out of His Mouth," *Politico,* January 9, 2017, http://tinyurl.com/h86donc.

11. D'Angelo Gore, Lori Robertson, and Robert Farley, "Fact-Checking Trump's Press Conference," FactCheck.org, January 11, 2017, http://tinyurl.com/z48vhdc.

12. US Department of Labor, Bureau of Labor Statistics, "Databases, Tables & Calculators by Subject: Labor Force Statistics from the Current Population Survey," January 11, 2018, http://tinyurl.com/zyq5xlx.

13. Steve Eder, "Donald Trump Agrees to Pay $25 Million in Trump University Settlement," *New York Times,* November 18, 2016, http://tinyurl.com/h6eqcq2.

14. Sarah Carr, "Tomorrow's Test," *Slate,* June 5, 2016, http://tinyurl.com/hwnr9vo.

15. Ruth Marcus, "Welcome to the Post-Truth Presidency," *Washington Post,* December 2, 2016, http://tinyurl.com/jrbd4gd.

16. *Wikipedia, The Free Encyclopedia,* s.v. "Sundown Town" (accessed January 11, 2018), http://tinyurl.com/q64z9t5.（譯註：為美國種族隔離的一種形式）

17. Janell Ross, "From Mexican Rapists to Bad Hombres, the Trump Campaign in Two Moments," *Washington Post,* October 20, 2016, http://tinyurl.com/m3af2p2.

18. Monica Davey, "He's a Local Pillar in a Trump Town. Now He Could Be Deported," *New York Times,* February 27, 2017, http://tinyurl.com/jrz5eoc.

19. Frank Pallotta, "Jon Stewart on Trump: 'We Have Never Faced This Before,'" *CNN Money,* February 1, 2017, http://tinyurl.com/ky9y78h.

20. Ira Glass, "The Beginning of Now: Act II — Who Tells Your Story?" *This American Life,* April 28, 2017, http://tinyurl.com/k3d6bdt.

21. Noor Wazwaz, "It's Official: The U.S. Is Becoming a Minority-Majority Nation," *U.S. News & World Report,* July 6, 2015, http://tinyurl.com/mtdpymf.

22. William Wordsworth, "The world is too much with us; late and soon," Bartleby.com, http://tinyurl.com/yv5eaf.

23. Thomas Merton, *Conjectures of a Guilty Bystander* (New York: Doubleday, 1966), 81.

24. The Congressional Civil Rights Pilgrimage is an annual event sponsored by the Faith & Politics Institute, http://tinyurl.com/y9wa7ct4.

25. "Selma, Alabama, (Bloody Sunday, March 7, 1965)," BlackPast.org, http://tinyurl.com/pwo7snb.

26. National Park Service, US Department of the Interior, "Brown Chapel AME Church," http://tinyurl.com/h5nu4ws.

第 6 章　持續向內探索：與你的靈魂保持聯繫

1. "Du siehst, ich will viel" from *The Book of Hours* by Rainer Maria Rilke (Evanston: Northwestern University Press, 2001), 18.

2. Stanley Kunitz, "The Layers," in *Passing Through: The Later Poems, New and Selected* (New York: Norton, 1997), 107.

3. Annie Dillard, *Teaching a Stone to Talk* (New York: Harper & Row, 1982), 94–95.

4. "The Guest House" by Jalal al-Din Rumi and Coleman Barks (Trans.), from *The Essential Rumi* (New York: HarperOne, 2004). Reprinted with permission from the translator, Coleman Barks.

5. J. D. McClatchy, *Sweet Theft: A Poet's Commonplace Book* (Berkeley, CA: Counterpoint Press, 2016), 51.

6. Mohandas K. Gandhi, *Gandhi: An Autobiography — The Story of My Experiments with Truth* (Boston: Beacon Press, 1993).

7. Thomas Merton, *The Asian Journal of Thomas Merton* (New York: New Directions, 1973).

8. John Howard Griffin, *Follow the Ecstasy: The Hermitage Years of Thomas Merton* (San Antonio, TX: Wings Press, 2010).

9. John Middleton Murry, quoted in M. C. Richards, *Centering* (Middleton, CT: Wesleyan University Press, 1989), epigraph.

10. Thomas Merton, *Conjectures of a Guilty Bystander* (New York: Image, 1968), 153–154.

11. Nelle Morton, *The Journey Is Home*; "Nelle Katherine Morton Facts."

12. Howard Thurman, *The Inward Journey* (Richmond, IN: Friends United Press, 2007), 77.

13. Paul Tillich, *The Shaking of the Foundations* (Eugene, OR: Wipf & Stock, 2012), 155.

14. 關於薇拉瑞‧考爾的介紹和作品，可參考網址 http://valariekaur. com。

15. Georgia Keohane, "MLK, Civil Rights and the Fierce Urgency of Now," *Time,* January 19, 2015, http://tinyurl.com/y75ez78c.

16. 欲簽署宣言及了解更多關於「革命性博愛宣言」，請參考網址 http://www.revolutionarylove.net/。

17. 這個哈西德猶太教故事是美國哲學家 Jacob Needleman 告訴我的，他好意地為我寫下這個故事，好讓我可以正確述寫下來。

18. *Wikipedia, The Free Encyclopedia,* s.v. "ORB Survey of Iraq War Casualties" (accessed January 11, 2018), http://tinyurl.com/pqdrz85.

19. *Wikipedia, The Free Encyclopedia,* s.v. "Casualties of the Iraq War" (accessed January 11, 2018), http://tinyurl.com/77g7ave.

20. 關於這個主題，在我的著作《民主，心碎的政治？》一書中有更深入的探討（中文版由基道出版社出版）。

21. William Sloane Coffin, "Despair Is Not an Option," *The Nation,* January 12, 2004, http://tinyurl.com/ya5fnsuo

22. "Herbst" from *Selected Poems of Rilke, Bilingual Edition*, by Rainer M. Rilke (Berkeley: University of California Press, 2001), 44.

23. Thomas Merton, "Hagia Sophia," in *A Thomas Merton Reader,* ed. Thomas P. McDonne ll (New York: Doubleday, 1989), 506.

第 7 章　在邊涯上：死後何往

1. *Wikipedia, The Free Encyclopedia,* s.v. "Rule of Saint Benedict" (accessed November 3, 2017), http://tinyurl.com/b5t9dws.

2. *Wikipedia, The Free Encyclopedia,* s.v. "Order of Saint Benedict" (accessed December 16, 2017), http://tinyurl.com/y8pxwqtf.

3. *The Rule of Benedict,* Order of Saint Benedict, http://tinyurl.com/ycweregk.

4. Brother David Steindl-Rast, "Learning to Die," *Parabola* 2, no. 1 (Winter, 1977), http://tinyurl.com/ yclmyc9q.

5. Florida Scott-Maxwell, *The Measure of My Days* (New York: Penguin Books, 1983), 42.

6. Erik Erikson, *Childhood and Society* (New York: Norton, 1986).

7. e.e. cummings, "i thank You God for most this amazing," in *Selected Poems* (New York: Liveright, 2007), 167.

8. 關於 7 月 4 日 這場颶風，可參考 "July 4–5, 1999 Derecho: 'The Boundary Waters — Canadian Derecho,'" http://tinyurl.com/5jefal。

9. *Wikipedia, The Free Encyclopedia,* s.v. "Julian of Norwich" (accessed Nov. 9, 2017), http://tinyurl.com/ya8esqa7.

國家圖書館出版品預行編目（CIP）資料

歲月的恩典：擁抱美好的老年時光 / 帕克‧巴默爾
（Parker J. Palmer）著；陳世佳, 林允箴譯.
-- 初版. -- 新北市：心理出版社股份有限公司,
2021.09
面；　公分. --（心理學系列；11052）
譯自：On the brink of everything: grace, gravity,
and getting old
ISBN 978-986-0744-28-6（平裝）

1. 巴默爾（Palmer, Parker J.）2. 老年 3. 生活指導

544.8　　　　　　　　　　　　　　110014026

心理學系列 11052

歲月的恩典：擁抱美好的老年時光

作　　　者：帕克‧巴默爾（Parker J. Palmer）
譯　　　者：陳世佳、林允箴
執行編輯：林汝穎
總 編 輯：林敬堯
發 行 人：洪有義
出 版 者：心理出版社股份有限公司
地　　　址：231026 新北市新店區光明街 288 號 7 樓
電　　　話：(02) 29150566
傳　　　真：(02) 29152928
郵撥帳號：19293172 心理出版社股份有限公司
網　　　址：https://www.psy.com.tw
電子信箱：psychoco@ms15.hinet.net
排 版 者：菩薩蠻數位文化有限公司
印 刷 者：辰皓國際出版製作有限公司
初版一刷：2021 年 9 月
I S B N：978-986-0744-28-6
定　　　價：新台幣 300 元